倒産しない会社のための

自社分析術

もうコンサルタントはいらない

川村 春彦

まえがき

「この1、2年は乗り越えられそうだけど、3年後はどうなっているか見通しがつかない……」

今から12年前の２０１１年のことです。個人的に相談にのっていた多くの経営者から、このような嘆きの言葉を聞きました。日本は未曾有の大災害＝東日本大震災に襲われ、経営者を取り巻く環境は非常に厳しい状況でした。

この時期、危機は東日本大震災だけではありませんでした。ギリシャをはじめとするヨーロッパ各国の財政不安、金融大手の経営破綻、世界同時株安、そしてギリシャ以上に財政赤字を抱える日本の財政不安など……。3年後の経済や社会の先行きがまったく見通せない中、経営者は不安を抱き、これからどのように会社経営をしていくか、深刻な局面に立たされていたのです。会社の業績が悪化すれば、雇用にも悪影響が出てしまい、結果、多くの人が路頭に迷ってしまいます。

これまで世界最大級のビジネスコンサルティングファームで、ビジネスコンサルタントとして働いてきた筆者は「何かできることはないだろうか」「多くの経営者の悩みを解決するためにできることはないだろうか」と自問自答する日々を過ごしていました。

そこでこれまでのコンサル経験をもとに独自メソッド「倒産しない会社のための自社分析術」を開発したのです。

「1社でも多くのベンチャー企業や中小企業のビジネスが活性化してほしい」「今まで以上に幸せな雇用が促進され、社員をはじめ、取引先や顧客、株主など、あらゆるステイクホルダー（利害関係者）が幸せになってほしい」

そんな想いから開発したメソッドです。未曾有の危機にあっても、先行きが見通せない時代であっても、このメソッドを使えば、経営者の役に立てるのではないかと思い、活動してきました。

あれから12年。東日本大震災の危機を抜け出しても、経営者を取り巻く環境は依然として厳しくなっています。たとえば直近では、新型コロナウイルスの流行、ロシアのウクライナ侵攻、度重なる自然災害など、想定外の出来事が頻発しています。コロナの混乱が落ち着いたとしても、再びどんな危機的なイベントが起こるかもわからず、会社経営の舵取りはますます難しくなっているのではないでしょうか。

でもそんな先行き不透明な時代だからこそ「倒産しない会社のための自社分析術」は、会社経営に役立つのではないかと自負しています。この方法論は、経営課題の解決策を外部環境や他社との比較に求めるのではなく、あくまで自社の中にあるとの考えをもとに構築されたものです。外部のコンサルタントに高額なフィーを払わなくても、自社で取り組めることが特徴の一つです。ですので、やろうと思えば、外部コンサルタントの予算を確保することなく、今すぐにでも自社で取り組むことができます。

この先、どんな環境になろうとも、この「自社分析術」を行えば、経営のよりどころとなる自社独自の判断基準や意思決定基準である自社の軸を持つことができるはずです。そうなれば、どんな時代の荒波をも乗り越える経営をしていけると考えています。

これまで多くの経営者に伝えてきた「倒産しない会社のための自社分析術」を書籍にしてほしいとの要望を数多くいただき、そのエッセンスをまとめたものが本書となります。本書が一人でも多くの経営者の助けになれば幸いです。

目次

第1章　経営者の最大の課題とコンサルタントの見分け方

～自社分析を行う前に～

経営者の最大の課題は事業戦略策定

自社分析の前に、今一度「経営とは何か」「何が経営において重要なのか」を再確認したいと思います。

経営の本質とは

①「会社の方向性」を決断し、
②「資源の最適配分」を行い、
③「人を動かす」こと。

だと考えます。経営者の仕事は、この３つを判断し、決定することにあるのはいうまでもありません。（図：経営の本質と経営者の仕事）

中でも経営者にとって最も悩ましいのが①の「会社の

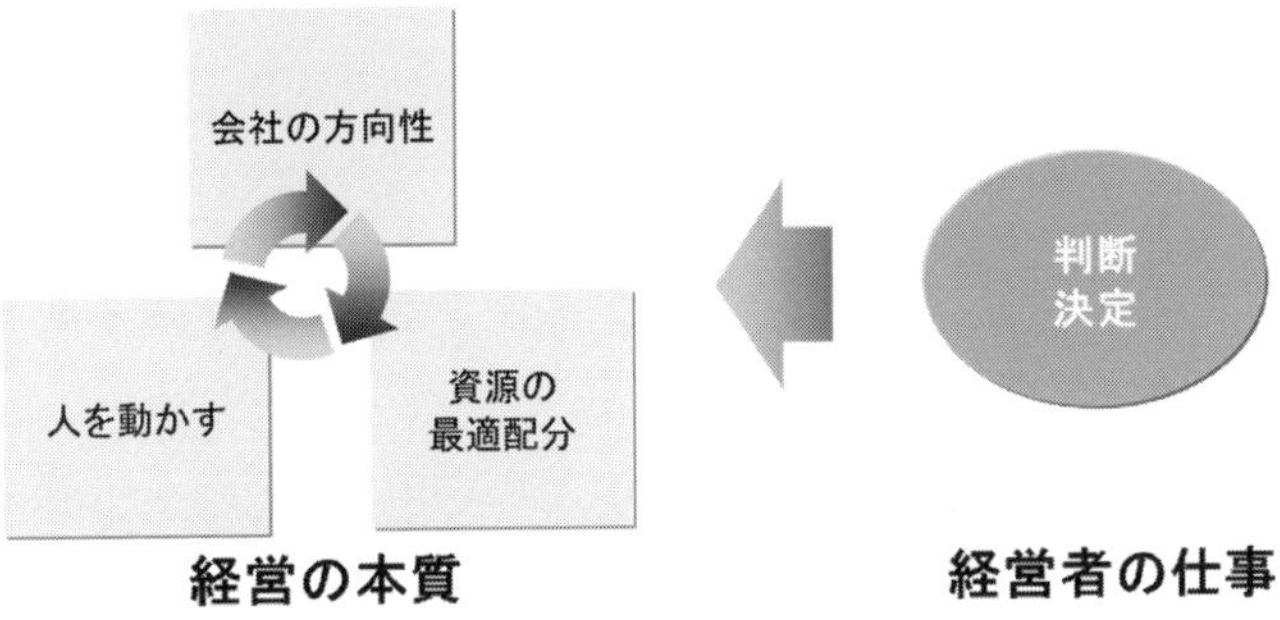

図：経営の本質と経営者の仕事

方向性」を決断することです。「会社の方向性」とは「事業戦略策定」であり、経営者の最も重要な仕事の一つです。

先行き不透明な時代に、事業戦略を策定し、事業を継続していくことは、想像以上に困難を極めます。事業が何年継続しているのかを測る正確なデータは意外となく、また「継続」や「存続」の定義は各リサーチ会社によって曖昧ではあるものの、参考になるデータを紹介します。

２０１１年に確認した中小企業白書によると、設立から最初の5年で約90％の事業が廃止になり、さらに5年で約10％の事業が廃止になっています。すなわち設立から10年で、約91％の事業がなくなってしまっています。

海外のデータでも同様の数値がはじきだされています。米国のリッチ・シェフ社（大手インターネット関連企業へのネットマーケティングのコンサルタント）によると、最初の5年間で80％のビジネスが廃業し、残ったビジネスのうち次の5年間で80％が廃業。結果、10年でビジネス全体の4％しか生き残ることができず、96％が廃業するというデータもあります。

継続的なデータの取り方や細かな定義に課題はあるものの、経営者の肌感覚として一事業を10年以上継続することは容易ではない、というのは理解できる数値ではないでしょうか。継続が難しい実状の中で「事業戦略策定」をしていくのが経営者にとって深刻な課題なのです。

経営者のプロはほとんどいない問題

ただ経営の課題が事業戦略策定にあるとすると、大きな問題に直面します。それは「会社の方向性（事業戦略）」を専門とする経営者は、日本には残念ながらほとんどいない、ということです。

大企業の経営者と中小企業の経営者に分けて考えてみます。まず大企業の経営者は、営業部署、設計部署、製造部署、研究開発部署をはじめ、人事部署、経理部署、情報システム部署などで専門的に実績を積み、会社に大きな貢献をした社員が任命されていることが多いといえます。すなわち経営のプロとして育成されたわけでもなく、経営の実績を積んできたわけでもなく、各部署で専門的に実績を積み、会社に貢献してきた方が経営者になっているのです。

最近では日本でも経営が専門の「プロ経営者」が登場し、業績が悪化した会社の経営者に就任するなどして、事業を立て直した後、また別の会社の経営者になるケースも増えてきました。しかし、まだまだその数は少ないといえます。

多くの場合、社内で実績をあげた一社員が大企業の経営者になり、就任1年目から大きな責任と権限を持たされ、自身が未経験の分野や部署についての説明責任も発生する状況に追い込まれます。また株主への説明責任も重くのしかかります。

ただ大企業の場合は豊富な予算があるため、経営者が高い専門性を要求される「事業戦略策定」をすべてできなくても、予算を使って外部のコンサルタントにサポートを頼むことができます。筆者が所属していたビジネスコンサルティングファームでも、数多くの大企業をクライアントに持ち、プロジェクトを組んで大企業経営者のサポート役として、「事業戦略策定」に関わっていました。

ただ問題は、中小企業やベンチャー企業の場合です。大企業のように予算を使って高額なコンサルタントに任せることは難しいといえます。とはいえ中小企業の経営者も、その多くはプロ経営者ではありません。いろいろな背景や経緯はあるものの、優秀な営業実績を上げて起業した方、突出した技術力を持って起業した方、また優れた製品やサービスを武器に起業した方が経営者になるケースがほとんどです。営業力や技術力、開発力などそれぞれの分野のエキスパートであっても、経営のエキスパートではありません。

また、中小企業の場合、家族が経営者を引き継ぐケースも多いと思います。しかし経営のプロフェッショナルだから家族を選ぶわけではなく、家族に引き継いだ方が社内をまとめやすいといった理由が大半ではないでしょうか。

中小企業に限らず、たとえば病院の院長をしているのは、医学や医療の専門家であって、病院経営のプロではありません。弁護士事務所や会計士事務所、税理士事務所なども同様で、代表になっているのは弁護士や会計士、税理士であり、その道のプロであっても、会社経営のプロではありません。ここに挙げた例だけでなく、何か一つ自分の強みを活かしている方が経営者となっているケースが極めて多いのです。

中小企業の場合、経営のプロではないのに経営者になってしまっても、予算は限られているので、外部のコンサルタントを活用することもできません。するとどうなるでしょうか。中小企業経営の多くは「勘」と「経験」と「期待」で「会社の方向性（事業戦略）」を決めてしまうのです。

高度成長期やバブル期のように、事業を拡大すればなんでもうまくいく時代ならともかく、今はシビアに経営手腕を問われる時代になりました。そこで、予算もなく、経営の専門でもない中小企業の経営者が「会社の方向性（事業戦略）」を決めていく必要があり、迷い悩む経営者は多いのです。

プロフェッショナルなコンサルタントの仕事とは

プロ経営者でない経営者をサポートすることができるのが、外部のコンサルタントです。多くの優秀なエリート社員を抱える大企業が、自社の方向性を決めるために活用する外部のコンサルタントに対する要求レベルは非常に高いものとなります。

こうした大企業の要求にも応えられる「プロフェッショナルなコンサルタント」を擁しているのがコンサルティングファームです。

筆者が所属していた当時のコンサルティングファームを例に示すと、

・世界で15万人以上のコンサルタントが所属している。
・日本法人においても1500名以上のコンサルタントが所属し、その1割程度が事業戦略に関わるキャリアを積んでいる（システム導入に関わるコンサルタントが大多数である）。
・クライアント企業の経営幹部がプロジェクトオーナーとなり、そのエース社員がプロジェクトに参加し、コンサルタントとの混成チームでプロジェクトを遂行する。
・クライアントからのコンサルタントへの要求レベルが高いが、コンサルタントのチャージレートも一般的に高額になる。
・これまで多くのクライアントにアドバイスしてきた「グローバルで適用されている方法論」と、圧倒的な事例データを含む「グローバルで蓄積されたナレッジデータベース」の組み合わせを最大の武器としている。
・コンサルタントのキャリアに対する価値観は「巨大企業の有名プロジェクトを推進した」という実績を重要視している。
以上のような特徴があります。

筆者自身もコンサルティングファームで、巨大企業の戦略策定、構想策定、各種改革を含め数多くのプロジェクトに携わってきた経験があります。
しかし、なぜ会社の経営者でもなく、社内で実績を上げた社員でもない、外部のコンサルタント、しかも年齢が高いとは限らず、場合によっては30代の若手コンサルタントが、巨大企業のエリートが集まる会社の事業戦略のアドバイスができるのでしょうか。それはコンサルティングファームには、グローバルで各業界をリードするような会社の知識やデータや事例の蓄積があるからです。経営サポートのプロとして国内外問わず、さまざまな企業の事例や豊富なデータを持っているからこそ、コンサルティングファームの一コンサルタント社員に過ぎない人でも、コンサルタントとしての基本的な思考や訓練が前提ではあるものの「方法論」や「ナレッジデータベース」を使いこなせば、巨大企業に役立つ有効な助言をすることができるのです。

ですので、大企業の場合はプロ経営者がいなくても、コンサルティングファームに頼めば、経営課題の解決はある程度可能となります。ただ中小企業経営者の場合、こうしたコンサルティングファームのコンサルタントと接点がなく、目的とゴールに合わないコンサルタントに頼んでしまう結果、期待はずれに終わってしまいがちです。

こんなコンサルタントには近づかない

多くの中小企業経営者は、コンサルタントに対して、あまりよいイメージを持っていないのではないでしょうか。筆者自身、コンサルタントとして独立したすぐの頃、中小企業の経営者とお話しさせていただく機会が多かったものの、ほぼ全員がコンサルタントに対して悪いイメージを持っていたことに驚きました。

時間はかかりましたが、経営者の方々と信頼関係ができ、本音を聞かせていただくことで、「コンサルタント不信の理由がわかりました。それは、筆者が経験してきた「コンサルタント」と、中小企業経営者の方々が日常接する「コンサルタント」のビジネス上の常識がまったく別物だったからです。

そこでコンサルタントに頼んで期待はずれにならないよう、近づいてはならないコンサルタントの特徴を列挙しておきます。

■契約前に目的やゴールを設定しない

コンサルタントはサービス業です。どんな目的やゴールに向かってどんなアプローチでサービスを提供するのか、目的とゴールはしっかり確認してください。

■提案書を書かない

あやしいコンサルタントは、提案書を書きたがらない傾向があります。その場限りの思いつきの都合のいい話ばかりするコンサルタントは要注意です。提案書を書いてもらい、コンサルタントの実力を確認してください。

■仕事のアプローチや成果物を明確にしない

どのようにアプローチして、どのような成果物があるのかを明確にできないのは、コンサルタントとはいえません。提案書や計画書の中でアプローチや成果物を明確にしないコンサルタントは、アウトプットが期待できないといえます。時間とお金を無駄にする可能性が高くなります。

■知識・経験ばかり強調する

コンサルタントの知識や経験はもちろん大切ですが、そればかり強調するコンサルタントは自身の所属していた会社のビジネス環境における固定概念が強く反映してしまい、会社を自身の枠にはめがちです。結果、依頼者のビジネス環境とは異なるため、満足できるサービス提供にならない可能性があります。

■人脈を売りにする

コンサルタントは人材ブローカーではありません。またコンサルタントがどんなにすごい人と関係を持っていようとも、その人と契約しているわけではありません。むしろ紹介料や仲介料を請求されることになりかねません。

もし現在コンサルタントを採用しているなら、右記項目に該当するものがないか確認してみてください。もし該当する項目があったり、思い当たる節があったりしたら、すぐにでもコンサルタントとの契約の見直しの検討をおすすめします。

自社にとって本当に必要なコンサルタントであるかどうかを見極めるのも、経営者の力量です。

第1章のまとめ

・事業戦略策定は経営者の重要な仕事である。
・経営者の多くは経営のプロではない。
・大企業はプロフェッショナルな外部コンサルタントを活用している。
・中小企業の経営者は、自社で採用しているコンサルタントのビジネスの常識が大企業のコンサルタントとは違うことを認識する必要がある。
・本当に必要なコンサルタントであるかを見極めるのは中小企業経営者の力量である。

第2章　自社分析術が求められる背景

VUCAの時代で経営者の不安が増大

中小企業経営者のみなさまにおたずねします。

「会社経営に不安はありませんか」

多くの経営者は「不安はある」と答えるのではないでしょうか。

それではもう一つ質問をします。

「3年後も5年後も会社経営は順風満帆だと思っていますか」

多くの経営者は「順風満帆とは限らない」「3年後や5年後に会社がどうなっているかわからない」と答えるのではないでしょうか。

経営者といえども不安はあって当然です。3年後や5年後の未来が見通せないのも当然です。これまでのように、ある程度先行きが見通せる時代ではなくなってしまったからです。

たとえば新型コロナウイルスが流行し、世界経済がこれほど混乱することを誰が予測できたでしょうか。感染症の危機がいずれ起こることは、ある程度は予測されていたとしても、正確な流行時期やその影響範囲を事前に予測できた人は、世界に誰一人としていないはずです。

感染症だけではありません。大地震などの自然災害の時期や影響を事前に予測することは、現代の科学では不可能です。また、ロシアのウクライナ侵攻のような国際情勢も、ある程度は予測できたとしても、開始時期や戦況、その後どんな影響を与えるかを事前に予測することもほぼ不可能です。たとえば侵攻当初、ウクライナの首都キーウは3日で陥落するといわれていたにもかかわらず、陥落することなく、1年以上も戦争が続くと予想した人はほとんどいなかったはずです。

経済予測も同様です。わかりやすい一例をあげるなら為替レートがそうです。比較的予測可能なはずの為替レートでさえ、2022年に1ドル150円突破すると予想できた人はほとんどいなかったでしょう。

その道の専門家ですら予測できない出来事が度々起こる時代なのです。一経営者が感染症や自然災害、国際情勢や為替の見通しを正確に予測することは不可能です。でもこうした突発的な出来事が起きれば、会社経営に大きな影響が出てしまいます。場合によっては倒産してしまうほどのインパクトもあります。

先行き不透明で想定外の出来事が頻発する今は、「ＶＵＣＡ（ブーカ）の時代」といわれています。

・Ｖ＝Volatility＝変動性：変動が激しく、
・Ｕ＝Uncertainty＝不確実性：先行きが不確実で、
・Ｃ＝Complexity＝複雑性：いろんな事柄が複雑に絡み合い、
・Ａ＝Ambiguity＝曖昧性：これをすれば必ず成功するといった過去の成功事例が通用しない曖昧な状況。

こうしたＶＵＣＡの時代に、経済や社会の流れが突然変わってしまう出来事が起きたとしても、大企業ならそれほど問題はないかもしれません。なぜなら巨額の予算を投入し、豊富な人材を動員し、優秀な外部ブレーンを使ってチームを組み、変化に迅速に対応することもできるからです。変化に対応できなかったとしても、豊富な資金を使って嵐が過ぎ去るのをじっと待つ選択もできるでしょう。

でも中小企業にそれができるでしょうか。残念ながら難しいと思います。大企業とは違い、予算も人材も使えるリソースが限られているからです。

結果どうなるでしょうか。会社の目指すべき方向や立ち位置を示せず、3年後の中期経営計画が立案しにくくなります。3年後どうなるかがわからないため、今まで以上に経営者の「勘」や「経験」や「期待」で経営計画を立てることになります。もしくは計画を立てず、経営者のその場その場の「勘」や「気分」や「ノリ」で意思決定されてしまいがちです。

でも「勘」や「経験」や「期待」で、この荒波時代を生き残っていくのは至難の技といえます。また先行き不安から、明るい計画を描くことができず、ネガティブな計画になりがちです。結果、不安がまた不安を呼んでしまい、経営は悪循環に陥ってしまいます。

では、中小企業にVUCAの時代を生き抜くための術はないのでしょうか。そんなことはありません。フォーカスする視点を変え、外部環境や市場動向に振り回されず、自社の軸をきちんと確立すれば、先行き不透明な時代でも「企業力のある会社」にすることは可能なのです。

ただ日本企業の場合には弱点があります。変化・変革を嫌う傾向が強いことです。変化や変革を進めても、やり方を間違えると社内で抵抗され、挫折してしまいかねません。この日本独特のウイークポイントを踏まえた上で、経営者のリーダシップが求められています。そのために必要となるのが自社分析術です。

大きな変化をもたらす突発的出来事は「新型コロナウイルスが最後」とは誰一人思っていないはずです。これからもこうした出来事が起こるでしょう。どんな想定外の事態が起きても、社内リソースが限られた中小企業だったとしても、自社分析術を活用すれば、指針が定まり、これからの時代を生き抜くための変革をうまく進めていくことが可能になります。

従来の事業戦略は売上重視の自社繁栄

これからの先行き不透明な時代を生き抜くために、経営者が第一に考え直さなくてはいけないことは、売上重視の自社繁栄戦略です。これまでは「売上さえ増やせば会社が繁栄し、すべてうまくいく」時代だったといっても過言ではありません。事業戦略の中心は売上至上主義で、1円でも多く売上を増やすことが至上命題になっていました。

そこで経営者は、売上重視の戦略を遂行していくために「競争」「略奪」「独占」の3点にフォーカスしていたのです。

その背景を解説しましょう。

・他社より早く市場にモノやサービスを提供することで、競合他社とシェアや売上を競い合っていた。

・市場にモノが行き渡り、生活水準が高くなることにより、最終消費者の意識が大きく変わった。

・モノの品質やサービスレベルが高くてあたりまえの時代であるといわれ、すでに20年以上が経過している。
・より満足度の高いモノやサービスを提供することで、シェアや売上を競合他社と競い合ってきた。

このような背景をもとに、経営者の多くは事業戦略を考えてきたのではないでしょうか。今までは「いかに競合他社に勝つか」が焦点となっていました。他社と競い合い（競争）、シェアを奪い合い（略奪）、市場のシェアや売上を増やしていく（独占）ことが、至上命題であり、行動原理となっていたのです。

従来の事業戦略は常に「他社視点」であることから、「他社分析」することで自社の方向性を決める傾向にありました。自社がどうあるべきかよりも、他社の動向や市場動向を気にして、その中で自社のポジショニングを考

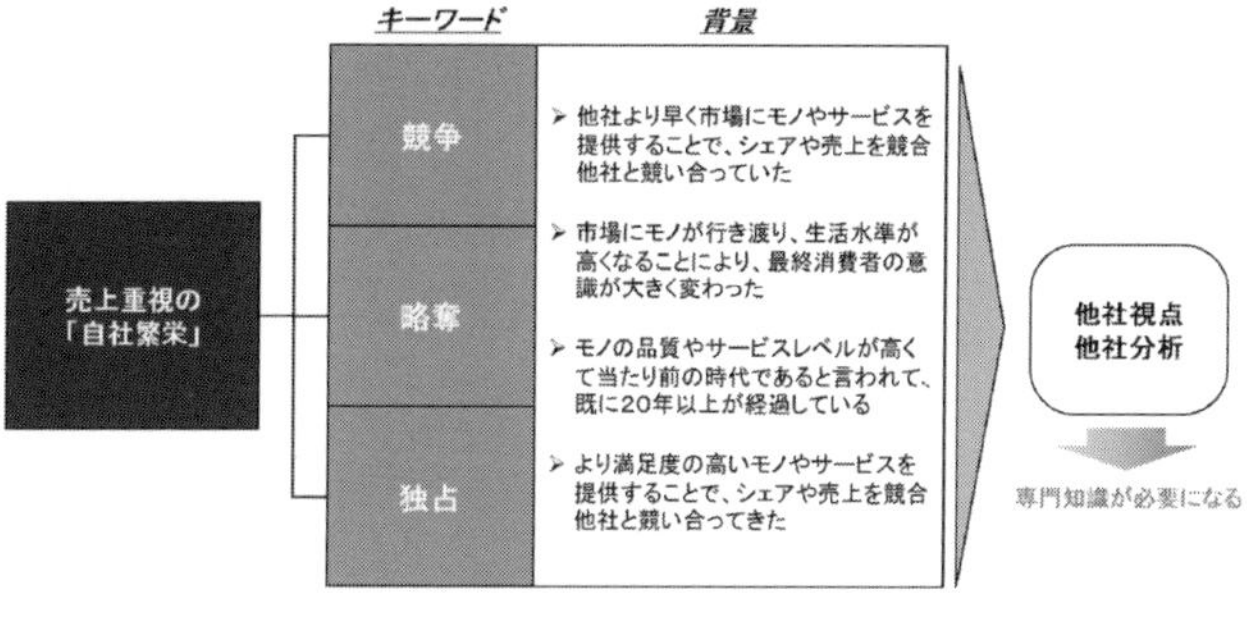

図：従来の事業戦略

えていくのが一般的な戦略だったのです。結果、自社以外のことに目を向け、「他社視点」や「他社分析」をするために、外部のコンサルタントの活用が必要だったのです。

これからの事業戦略は「満足度重視の社会全体繁栄」

ではこれからの事業戦略はどうあるべきなのでしょうか。それは「利益を共有（プロフィットシェア）する満足度重視の社会全体繁栄」を目的とした事業戦略だと考えます。ただ売上の数字だけを指標にして、他社と競争し、略奪し、独占する「自社さえよければそれでよい」という考え方では通用しない時代になりました。

利益を独占するのではなく、利益を社会全体で共有し、顧客や取引先や社員や株主などあらゆる利害関係者の満足度を重視し、社会全体が繁栄することを目的に事業戦略を策定すべきだと考えます。この考え方にシフトすることで、ＶＵＣＡの時代であっても、変化の激しい時代であっても、どんな時代でも社会に必要とされる会社になれるはずです。

経営者がフォーカスすべきキーワードは「協業」「創造」「共存」の3点です。

①他社と「競争」するのではなく、他社と「協業」すること。
②他社からシェアを「略奪」するのではなく、新たな価値を「創造」すること。

③市場を「独占」することではなく、他社と「共存」していくこと。
このように従来の価値観とは180度転換が必要なのです。

今、経営者を取り巻く環境は左記のように変化していると考えます。
・日本人の価値観を変えてしまうくらい強烈な経験をした（東日本大震災や新型コロナウイルスなど）。
・モノやサービスに関して、今までが満たされすぎていたと本気で気づいた。
・ライフスタイル、ワークスタイルに選択肢が拡がり、多様性を尊重する時代傾向にある。
・業種、事業規模に関係なく、どの会社も生き残りに対する「今までの常識」を見直している。
・しかし解決策がわからない。
・売上や利益だけでなく、事業継続を重要視する傾向がある。

短期的な売上や利益の成果だけを目標にせず、「協業」「創造」「共存」を意識しながら「社会全体繁栄」のために、長期的な事業継続を目指していくこと。これが今の時代に求められている経営者の仕事といっても過言ではありません。

従来のように「他社視点」「他社分析」をするより、「自社視点」や「自社分析」に重点を置くことで、自社の軸を明確にすることが大切です。この自社の軸を会社の意思決定のよりどころにすることができます。どんな時代であってもブレることのない自社の軸があれば、ＶＵＣＡの時代でも意思決定に迷うことはありません。自社の軸がないから、他社が気になるのです。

外部のコンサルタントを雇って「他社視点」「他社分析」する必要性は薄れていると感じます。今は、社内で自社分析をすることが何より大事な時代になったのです。

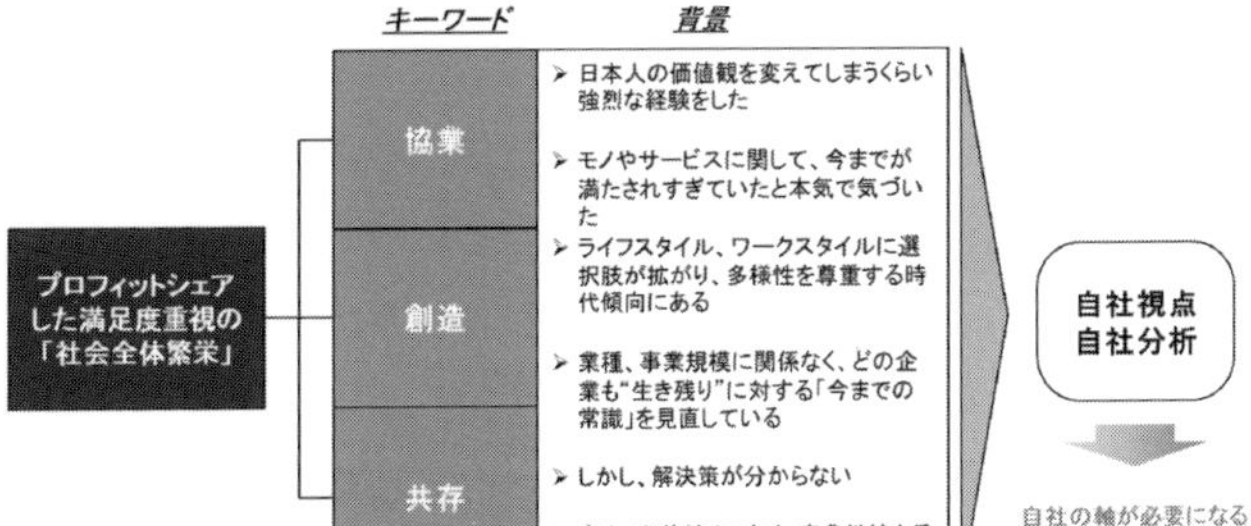

図：これからの事業戦略

第2章まとめ

・3年先がどうなるかがわからないVUCAの時代である。
・従来は売上至上主義で「競争」「略奪」「独占」が行動原理だった。
・今までは「他社視点」「他社分析」のため外部のコンサルタントが必要としていた。
・これからはあらゆる利害関係者の満足度重視の社会全体繁栄が重要である。
・「協業」「創造」「共存」を意識し、「自社視点」や「自社分析」で自社軸の構築が必要になる。

第3章　自社分析術における基本的な考え方

社員が団結できる「企業力のある会社」を目指す

不安定な時代を生き残っていくには、「企業力のある会社」を目指す必要があります。では「企業力のある会社」とはどんな会社なのでしょうか。それは「会社は社員のため、社員は会社のため」と考え、行動できる社員が集まる「固く団結できる会社」だと考えます。たとえば不況になって会社の業績が悪化した際、減給になろうが、ボーナスカットになろうが、「今こそ、この会社を立て直すのだ」とがんばってくれる社員がいるような会社です。

会社の業績が右肩上がりで、業績も好調で、給料もアップしていけば、社員は「勝手に」ついてくるでしょう。右肩上がりが無理でも、ある一定程度のシェアを確保し、毎年業績が安定していれば、社員は「居心地の良さ」を感じて、会社についていくはずです。

でも今は違います。突発的な出来事が発生し、それによって業績が急に悪化してしまったり、難題が降りかかってきたり、計画通りに行かなくなってしまうことが増えました。

そんなとき、社員が後ろ向きの姿勢の会社では、ますます業績は悪化してしまいます。

急変した状況の最中、仮に給料やボーナスが減らされたとしても、不満をいうのではなく、「今は会社の危機だからやむを得ない。自分たちの手で立て直すのだ」と思える社員が必要になります。

そのためには普段から経営者が、「働く人一人ひとりの感性や個性」を発揮できるような環境を作っておくことが大切です。

個性を活かすための価値基準を明確化する

では「働く人一人ひとりの感性や個性」を発揮できる環境とはどんなものなのでしょうか。ここで注意しておくべき点は、「個性を発揮」することは、「勝手にやる」ことではないということです。

社員が「個性」を勘違いせず、会社のために個性を活かすには、「価値基準」の存在が必要不可欠です。大前提となる価値観は「会社は社員のため、社員は会社のため」になっているかどうかがポイントです。社員が個性を発揮して、よかれと思って行動したとしても、会社のためにならなければ、社内はバラバラになってしまいます。また会社が社員のことを考えず「駒」のように扱えば、会社の業績が上がっても、いざ不況のときに、社員は非協力的になってしまうでしょう。

「会社は社員のため、社員は会社のため」を大前提にした上で、自社としてどんな「価値基準」を行動指針にするのかを明確にしてください。たとえば「顧客に感動を与える」が価値基準であれば、すべてその価値基準に合わせて判断ができるはずです。上司のいっていることが自社の利益を優先するあまり、顧客への感動・サプライズを損なう判断をしていたら、部下は「価値基準」に照らし合わせて意見することができるでしょう。現場で顧客からの要望があった際、どう判断し、どう行動すべきかどうかも「価値基準」が明確であれば、現場で判断し、行動することができるでしょう。経営者は「価値基準」をもとに、どこまで社員に任せるかも決めることができます。

明確な「価値基準」があれば、社員一人ひとりが勝手なことをするのではなく、その「価値基準」をもとに、与えられた責任範囲で個性を発揮することができるはずです。結果、社員はいきいきと働くことができ、経営者は社員に信頼して仕事を任せることができるでしょう。

給料を上げるだけで社員満足度が上がるとは限らない

経営者のよくある誤解は、社員により高い給料を払えば社員満足度につながるということです。実際にはただ給料さえ上げればよいわけではないのです。

もちろん給料が高い方が、社員が高いモチベーションを維持して働く動機の一つにはなりますが、あくまで一要素にしかすぎません。たとえば給与がどんなに上がったとしても、半年もすれば自分にとってそれは「あたりまえ」となり、継続的な満足度につながりにくくなります。もっとほしい、もっと上げ続けてほしいと考えてしまうかもしれません。給料の高さを重視する社員なら、もっと高い給料を支払う会社があれば、そこにうつってしまうかもしれません。

衣食住が満ち足りていない、治安や経済状況が不安定な国であれば、とにかくほしいのは「お金」になるかもしれません。しかし今の日本のように、基本的に衣食住はある程度満たされている場合、会社の満足度の理由に「お金」を1番にする人は実はそう多くはありません。人事関連の研究報告書のどのリサーチ結果を見ても、「お金」は4番目か5番目のことが多いのです。

たとえば、やりがい（個性の発揮）や社会貢献、働きやすさや居心地の良さ、自身のキャリアやスキルになるかどうか、社員同士の結束などを重視することの方が高い傾向にあります。

経営者は、社員が幸せを感じるのは、「個性を発揮できる」「仕事にやりがいがある」「会社も社員も常に前進している」「仲間と強固な絆を築ける」「社会に貢献する仕事をしている」といった要因が大事であることを認識した方がよいでしょう。

では経営者は環境整備のため、具体的にどんなことに取り組むべきでしょうか。

■社員満足度を上げるための経費（ポイント：楽しい、やりがい、良好関係）

・会社から社員一人ひとりの家庭環境に応じた特別休暇や手当。

・社員の個人の要望を受け入れる「自己啓発」などに関する支援制度。

・社員の個人的判断で対応できる顧客サポートに対する決済権限。

・個々の社員が、直属の上司とよりよく、より近い関係を築ける談話カフェなどの「ゆとり」や「リラクゼーション」環境の設置。

■ルール遵守や生産性に関わる社員満足度（ポイント：職場における友人・親友の存在）
・社内における同じ趣味の仲間を作るためのコミュニティ（社内マッチングシステム）。
・全社員による隠れた特技のお披露目会（コンテスト）の実施。
・社員同志の旅行・ボランティア・クラブ活動・社外活動などの支援事務局の設置。

このような取り組みは一例にすぎませんが、大企業でなくても、中小企業でも取り組めるものも多くあるはずです。予算をかけなくても、会社が小規模だからこそやりやすいものもあるでしょう。給料ももちろん大事ですが、給料以外の部分で社員がよりよく働ける環境整備をすることが「企業力のある会社」＝「固く団結できる会社」につながることを理解すべきです。

価値基準がしっかりした「企業力のある会社」事例紹介

では実際に、社員の働きやすい環境を実現している企業の事例を3社紹介します。事例を読めば、どんなふうに取り組んだらよいか、具体的なイメージがわくはずです。

事例1：通信販売会社X社
顧客への対応時間目標なし
採用時に価値基準を徹底してすり合わせ

社員の満足度を向上させ、顧客リピート率75％を誇り、業績を伸ばしている通信販売会社X社。業績好調の秘密はカスタマーサポートにあります。

一般的にカスタマーサポートは、管理指標として「1件あたりの対応時間をいかに短くするか」という効率化命題を持ち、いかに短時間で済ませるかを目標に、日々努力・工夫をしています。一人の顧客に長時間かけた社員は評価されず、短時間で数多くこなした社員が評価されるのが、カスタマーサポートのよくある評価基準です。

しかしX社では真逆の評価基準を採用しています。顧客が納得するまで対応することを徹底しているのです。何時間かかってもよいので、顧客に徹底的に寄り添うことを重視せよと伝えているのです。そのためカスタマーサポートを担当する社員に対し、感動・サプライズを与えるために必要な費用に対する決裁権を持たせています。

通常カスタマーサポートは、短時間で終わらせ、いかにコストをかけないかが重視されがちです。でもこのX社は、顧客が納得するまで時間をかけて構わないのです。それはX社の企業使命が『従業員に、顧客に、社会に幸せを届ける』であり、従業員は顧客に対し、感激を与えることを命題としているからです。結果、顧客満足度が向上し、リピート率75％を誇り、業績を伸ばしています。

X社は業界常識や他社動向で自社の方向性を決めることなく、自社の企業使命に沿って行動することを徹底しています。結果、さまざまな環境変化があろうとも、「企業力の強い会社」になっているのです。

ただX社にも失敗経験があったといいます。それは採用についてです。

「一番大きな失敗は、採用に関連するものです。特に事業が安定し、成長している会社に

よくあることだと思います。」（X社の経営者）

業績好調になれば人手が足りなくなるため、会社の価値観と従業員の価値観が合わない人材でも、簡単な面談ですぐ採用してしまったことが失敗だったといいます。価値観が合わない人を採用してしまうと、企業使命を実践しにくくなり、自社が目指すサービスの提供ができなくなってしまいます。

それでも「せっかく採用したのだから」と考え、解雇することなく雇い続けることは「会社にとっても社員にとってもお互い不幸なこと」とX社の経営者は日本企業全般における採用課題を指摘します。

「会社の存在意義を明確に定義して、それを世の中に、そして働く人に知らしめることがとても重要です。また働く人にとっては、自分の人生の目標を見極めることが大事です。自分の目標と一致した会社を見つけることが、会社にとっても、働く人にとっても幸せな結果を生むのです。」（X社の経営者）

そこでX社では、採用時に会社の価値観と社員の価値観を、徹底してすり合わせることを最重要視するようになったといいます。

「じっくり時間をかけて採用を行うようになりました。それでも、会社に合わない人が入社してしまうこともあります。そのときはじっくり話し合い、採用した責任は自分にあるので、数か月の報酬に相当する額を提示し、納得した上で会社を辞めてもらうようにしています。」（X社の経営者）

ここまで徹底して会社と社員の価値観合わせに注力しているからこそ、顧客に感動を与えるサービスが提供できるのです。

事例２：葬儀会社Y社
上司の承認や稟議なしで
社員に権限移譲し、感動サービスを提供

日本の地方でサービス展開している葬儀会社Y社の事例です。筆者が驚いたのは、葬儀会社でありながら、リピートを起こすという非常識と思える現象が起きていることです。

なぜこの葬儀会社にまた頼みたいと思う人が多いのでしょうか。それは上司の許可や承認や稟議など必要なく、社員の感性で葬儀の演出やサービスが任されているからです。

たとえば事前の打ち合わせで、「故人は毎朝そこの喫茶店のモーニングセットを食べに行

くのが習慣でした。」という話を聞くと、社員はその喫茶店と交渉し、モーニングセットを祭壇にお供えしました。するとこれを見た遺族はとても感動したそうです。

また「故人は庭でこの花を大事に育てていた。」という話を聞いた社員は、庭にある花を撮影し、お通夜会場の入り口に飾ったところ、遺族はとても感激したそうです。結果、「自分の葬儀の際は、この葬儀会社に頼みたい」と思う人が増えているのです。

こうした「粋なサービス」は社員一人ひとりの感性によるものです。サービスにかかる費用は葬儀会社が負担します。でもその費用は上司の承認も稟議も必要なく、社員判断に任されています。Y社は「遺族の悲しみを少しでも和らげることができるのは、葬儀をする我々しかいない」という使命を持っているので、社員に遺族に寄り添ったサービス提供の権限を移譲しているのです。

「経営で一番大切にしてきたのは人です。なぜならサービスの限界は人で決まるからです。思いもよらないことをしないと感動は生まれないのです。それはマニュアルではできません。相手の気持ちを汲み取る感性がないとできません。だからこそ社員一人ひとりの感性に任せているのです。」（Y社の経営者）

Y社では、自社で掲げているミッション、理念、行動基準、価値基準に対する教育を重要視しています。経営者自ら社員に熱い想いや志を語り、遺族に徹底して寄り添うことの大切さを浸透させています。

一方、マニュアル教育は一切行わないそうです。先輩について現場教育（ＯＪＴ）で学んでいきます。それはＹ社の経営者が「現場教育で大事なのは『信じること、許すこと』『自分が楽しく仕事すること』。これがリーダを育てる秘訣」と考えているからです。

このように「遺族の悲しみを少しでも和らげること」を自社基準に据えて、社員にしっかり共有しているからこそ、感動的なサービスを行うことができ、自分の葬儀の際にも、ぜひ頼みたいと思われる葬儀会社になったのです。自社の価値基準をもとに経営することが、いかに大切かがわかる一例ではないでしょうか。

事例３：小売チェーンＺ社
会社に利益を残さず、給与に還元するも
年収は１０００万円以上には、上がらない仕組み

非常にユニークな会社の小売チェーンＺ社。Ｚ社の当時の経営者は、創業者の理念をそのまま継承している、創業者と血縁関係のない2代目経営者でした。

Z社は「当社は、従業員の幸福を大切にします。従業員は、皆様の信頼を大切にします。」という理念のもと、なんと会社に利益を残さず、関連するステイクホルダー（社員、顧客、株主、地域社会等）に還元しているのです。

内部留保をゼロにし、まずは社員の給与に還元します。さらに値下げで顧客に還元します。そして取引先にも還元しています。「ステイクホルダーを大切にする」という理念を持つ企業は多くても、ここまで徹底して利益還元を行う企業はなかなかないのではないでしょうか。

ユニークなのは経営者を含め、社員の給与は上限1000万円というルールがあることです。従業員の幸福を大切にするという理念なのに、なぜ給料に上限が決められているのでしょうか。Z社の経営者は「年収1000万円もあれば裕福であり、扶養控除が受けられるギリギリの額であるから」と、その当時に答えています。

「また年収上限が決まっているので、まだ1000万円に達していない新入社員や若手社員の給料にどんどん還元されていきます。結果、入社2、3年目で年収700万円程度の社員も増えてきます。すると先輩との仕事量と給与の差を考えると申し訳ないと思う若い社員が増え、何も言わなくても若い社員は給料に見合った仕事をしようと、自ら仕事を工夫し、がんばってくれるのです。」（Ｚ社の経営者）

さらに驚きなのは経営者含め全社員の給与を公開していることです。「評価の透明性」「情報の共有・可視化」はどの会社でもキャッチフレーズのように使っていますが、Ｚ社では徹底した透明性、可視性の仕組みを実現しています。給与公開のみならず、社員の相互評価を行い、その評価結果も完全公開しています。また、新店舗などに投資が必要な際も稟議を完全公開していいます。内部留保がないため、社員からの借り入れにより資金調達しているそうです。

Ｚ社が「評価の透明性」「情報の共有・可視化」を徹底している背景には「相互監視が機能すれば、自然に秩序は保たれる」という考え方に基づいているからです。

「詳細に説明するならば、【企業理念、社是】→【社是を実現する経営システム】→【経営者、社員のモラル】→【企業理念、社是】というこの一連のサイクルが当社の根幹を成しています。経営システムを支えているのが経営者、社員のモラル。モラルの源泉は、他人を思いやるといった企業理念に返ってきます。」（Ｚ社の経営者）

Ｚ社では、経営者も社員と同じ条件、もしくはそれ以上の厳しい条件で、評価の透明性、情報の共有・可視化を行っていました。この独自ルールを公言しているので、受け入れられない人は入社希望してこないので、理念に合わない社員が入ってくる心配も少ないのです。

このように内部に向けた指針がしっかりしていれば、経営者も社員も一致団結した「企業力のある会社」になれるのです。

事例から学ぶ、社員満足度を向上させる経営手法の共通点

事例で取り上げた会社は、社員の満足度が高いだけでなく、一定の経営成果も上げています。事例で取り上げた会社の経営手法の共通点を筆者なりに整理すると、次の2点が際立っていると感じています。

１つめは「独自の自社基準を有している」こと。万人受けするとは言い難い独自の経営哲学があり、自社基準を確立し、その自社基準を公言することで、価値観の合う人材を引き寄せています。２つめは「社員の幸せを最重要視している」ことです。

その上で、以下３つの施策を行っています。

①自社基準と社員の価値観合わせ（採用基準や自社基準研修制度）。
②社員を信頼することで、徹底した権限移譲。
③自社基準に沿った評価基準を明確にし、評価結果を社員にフィードバック。

結果、経営者と価値観が同じ方向性の社員が集まり、経営者が社員を信じているのです。さらに仕事に幸せを感じることのできる社員が顧客と折衝するため、経営成果につながっ

ているのではないでしょうか。

事例で取り上げた通り、経営成果を上げている3社は、他社分析や他社視点で経営の方向性を決めているわけではありません。常に自社視点で基準を定めて、経営の方向性を決めているからこそ、うまくいっているのではないでしょうか。3年先、5年先の未来が予想しにくい時代になったとしても、自社基準と価値観を明確にした経営を行っていけば、外部環境の変化に惑わされることなく、経営者は経営判断を行い、社員は経営者の判断を理解できるのです。

第3章まとめ

・個性を活かすための価値基準を明確にする。
・給料を上げるだけでは、社員満足度アップにつながらない。
・「企業力のある会社」は自社基準と社員の価値観合わせを徹底している。
・価値観のすり合わせができているので、経営者は、社員を信頼し権限移譲ができる。

第4章　自社分析術のフレームワーク

自社分析術を使って唯一無二の「自社基準」を確立する

第３章の事例紹介を読んでいただいたように、「企業力のある会社」はしっかりした自社基準を持っています。ＶＵＣＡの時代でも、倒産しない会社になるために自社分析術を行う目的は「唯一無二の自社基準」を確立することです。そのためには、ミッション、企業理念、行動基準、価値基準が、自社の軸としてブレないものでなければなりません。

本書で使っている「自社基準」という言葉の意味は、自社で掲げているミッション、企業理念、行動基準、価値基準のこととして定義します。どういう関連性があるのかは図の「自社軸のフレームワーク」

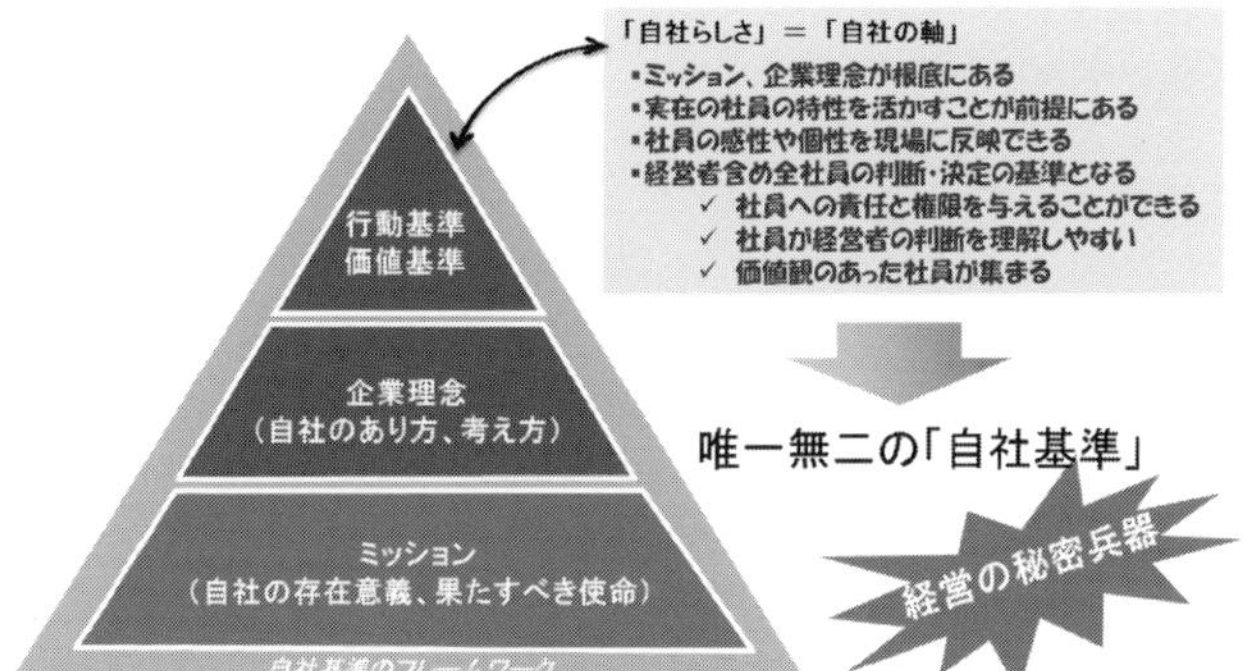

図：自社軸のフレームワーク

をご覧いただければ、理解しやすいはずです。

ミッションや企業理念という言葉も、人によって異なる解釈をされていて、定義が固定されていない言葉です。本書で用いているミッションとは「自社の存在意義であり、果たすべき使命」として定義しています。どのような顧客に対し、どのようになってもらいたいかを明確にし、どのように社会に貢献するのかを発信すべきです。企業理念は「自社のあり方、考え方」と定義します。何を大切にし、どのような考え方をしているのかを明確にし、経営判断の根幹を発信すべきです。このような自社のミッションや理念に共感してくれる人材が集まる組織をまずは目指すのです。

ミッションと企業理念は自然と経営者個人の人間性と相似形になるでしょう。オーナー企業かつ中小企業であれば、特にその傾向は強くなります。ミッションと企業理念をきれいごとで飾ることだけは避けましょう。いっていることとやっていることが異なれば、必ず人は違和感で見抜きます。

本書では、ミッション、企業理念、行動基準、価値基準を「自社の軸」として重要なものと位置づけています。「自社の軸」は「自社らしさ」とも表すことができます。行動基準や価値基準は、ミッションや企業理念が根底にあり、実際にいる社員の特性を活かすこと

が前提になっているからです。（図「自社軸のフレームワーク」参照）

ですので、行動基準や価値基準は、仕事の現場で社員の感性や個性を反映できるように確立すべきものです。また、経営者含め、全社員の判断・決定の基準にもなります。

自社基準が明確になっていれば、「経営者は社員への責任と権限を与えることができる」だけでなく、「社員が経営者の判断を理解しやすい」ため、経営者と社員間の意思疎通が図りやすくなります。その基準は採用段階でも適用されるため「価値観の合った社員」が集まりやすくなるのです。結果、「企業力のある会社」＝「会社は社員のため、社員は会社のため」という「固く団結できる会社」にすることができます。

この自社基準は、それぞれの信念や価値観に基づくものであり、１００社あれば１００通り存在します。また、模範回答や正解があるものではありません。結果、それが唯一無二の「自社基準」となり、経営の秘密兵器となるのです。しかし、これから新規に立ち上げる会社であればともかく、すでに事業をしている会社では容易なことではありません。では、すでに事業をしている会社が、どのように自社基準を見直し、定着させていくのかを次章で説明します。

自社基準の原点＝ミッションの検証

自社基準の根底となるミッションや企業理念をどう見直し、決めたらよいのでしょうか。まずはどんな内容がよいかを策定する必要があります。その前に、現状のミッションと企業理念の検証質問を用意しましたので、ぜひ、経営者のみなさま、自問してみてください。

■ミッションの検証質問

「もし、自社を閉じる場合、利害関係者（社員、社員の家族、顧客、取引先など）の方々から『どういう理由で閉じてもらいたくない』と評価されたいでしょうか」

この質問に答えてみてください。この質問は、自社の存在意義や果たすべき使命を確認する問いかけになっています。この問いを考えれば、自社の基本となる役割を明確にできるきっかけになるはずです。現状の自社のミッションとの乖離や違和感はないでしょうか。自社の「果たすべき役割」がイメージしやすくなります。

■企業理念の検証質問

「もし、自社を閉じる場合、利害関係者の方々から『どのような会社だった』と評価されたいでしょうか」

この質問は、自社のあり方や考え方を確認する問いかけです。経営者のあり方、考え方は、企業理念に沿っているでしょうか。本来は、社員よりも経営者の方がより一層、自社のあり方、考え方に真摯であるべきです。企業理念に沿った経営者の言動は顧客だけでなく、社員や取引先も見ています。企業理念をキャッチコピーやキャッチフレーズにしている会社では、自社基準を経営の唯一無二の秘密兵器にすることはできません。

また、会社の業績がよくても、事業を投げ出す経営者がいるのも現実です。なぜなら売上や利益を重要視して、ミッションや企業理念をないがしろにしているからです。それは、顧客のことを常に考える覚悟がないことにつながります。

「あなたの顧客を好きになれますか」

この質問に対する答えはいかがでしょうか。業績がよくても顧客を好きになれなければ、事業を継続することはできません。

経営者は「顧客の要望・欲求」「顧客の不安」「顧客のわがまま」に真摯に向き合っていかなければなりません。それがまさに企業理念に表れます。単にお金が稼げるというだけでは、事業は継続できません。

「あなたの顧客を好きになれますか」と自問自答してみてください。顧客のことを常に考える覚悟があるかどうかが、経営者に試されています。これから経営者になる方や、これから起業を考えている方も、この問いを心にとめておいてください。あなたが情熱を持って事業を継続できるかどうかが大きく変わってきます。

「自社基準」が動力発生源となり、「経営再建のトランスミッション」が動き出す

　顧客を好きになれるかどうかを問われるのは、経営者だけではありません。社員も顧客を好きになれなければ、顧客に満足したサービスや商品を提供することは不可能です。顧客のことを好きになれる社員を採用時にしっかり見極め、その社員が独自の個性や感性で顧客と接することができる環境を整えるのも、経営者の大切な仕事です。

　社員の満足度を上げるには、社員が独自の個性や感性で顧客と接することができる環境を整えることが重要になります。そのポイントとなるのは、

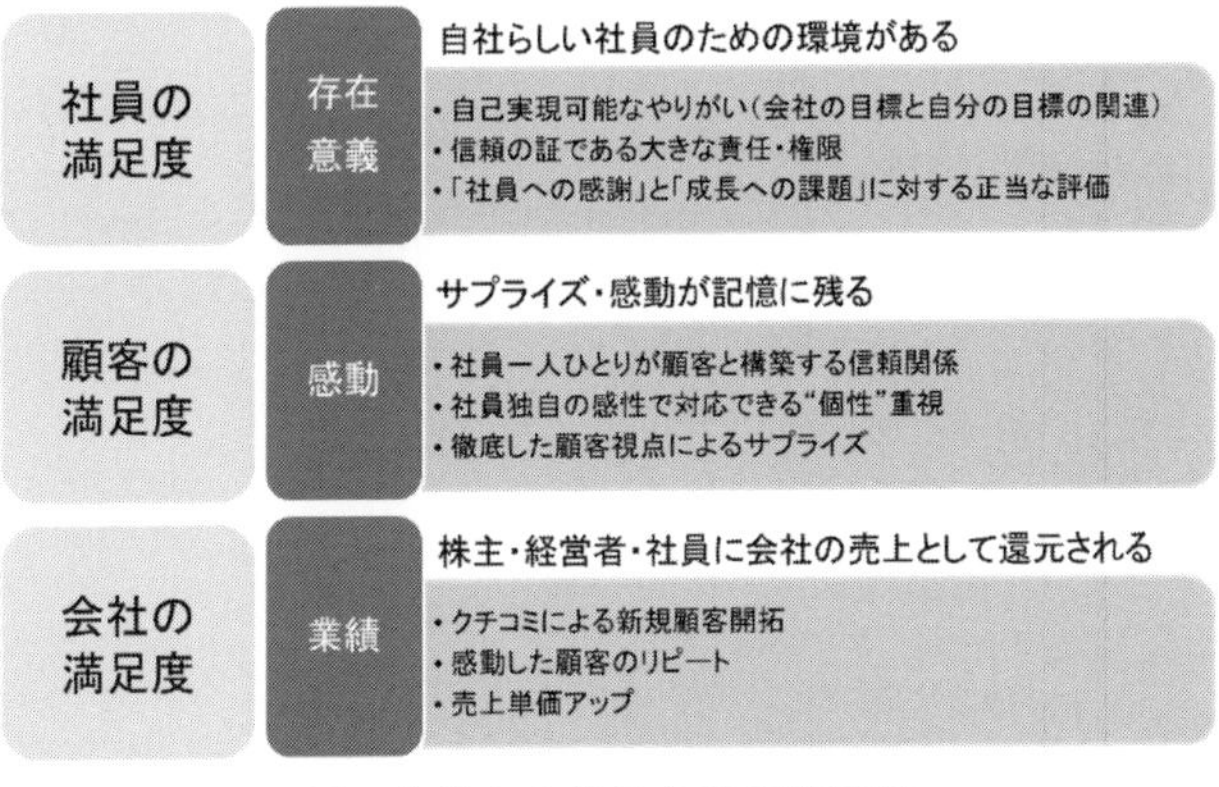

社員の満足度
存在意義
自社らしい社員のための環境がある
・自己実現可能なやりがい（会社の目標と自分の目標の関連）
・信頼の証である大きな責任・権限
・「社員への感謝」と「成長への課題」に対する正当な評価
顧客の満足度
感動
サプライズ・感動が記憶に残る
・社員一人ひとりが顧客と構築する信頼関係
・社員独自の感性で対応できる“個性”重視
・徹底した顧客視点によるサプライズ
会社の満足度
業績
株主・経営者・社員に会社の売上として還元される
・クチコミによる新規顧客開拓
・感動した顧客のリピート
・売上単価アップ

図：企業力のある会社の満足度

社員自身が社内で「存在意義」を感じることができるかです。

■社員が「存在意義」を感じる3つのポイント

・経営者と社員の価値観が同じ方向性であること。
・経営者が社員を信じていること。
・社員が仕事で幸せを感じることができていること。

この状態こそが経営成果につながるのです。

ここで一点、語弊のないようにしておきたいのですが、自社基準と従業員の価値観合わせは、ダイバーシティ（多様性）経営と相反することをいっているわけではありません。本書で説明している「価値観」とは、国籍、人種、性別、年齢、身体障害、宗教、職歴などの違いで差別化、区別化することではありません。

自社基準と社員の価値観合わせは、組織（ここでは会社）が同じ目的に向かって活動する上で、非常に重要なことなのです。たとえば、世界平和を目標に掲げながらも、価値観の異なるリーダが二人いたとします。一人は、共存、共栄、尊重しながら世界平和を目指しているとします。もう一人は、自分が絶対的な存在として力ずくで世界を掌握し、その権力を持って争いごとをなくし、世界平和に導くという考え方をしていたとします。このように二人は「世界平和」という最終的な目的やゴールは同じであったとしても、あり方や考え方に対する価値観が異なれば、アプローチや手段はまったく異なるのです。リーダの価値観次第で、集まるメンバも異なれば、組織の常識やルール、そして雰囲気も異なります。会社においても、経営者と社員の価値観合わせが重要になるのです。価値観が同じ方向性だからこそ、社員は社内で存在意義を感じることができるのです。

■社員が「存在意義」を感じることのできる環境の重要ポイント
・自己実現可能なやりがい（会社の目標と自分の目標の関連）がある。
・信頼の証である大きな責任・権限を持っている。
・「社員への感謝」と「成長への課題」に対する正当な評価を経営者自ら行っている。

■高い社員の満足度のためのチェック項目
①社員と会社が共通点のある目標を掲げている。

②社員が会社から大きな権限と責任を与えられている。
③その行動が正当に評価されている。
④次なる課題を共有している。
⑤その上で目標をともに立てていく仕組みがある。

このような条件がそろっていれば、社員の満足度はもちろん、会社に対する従業員のロイヤルティ（愛社精神、忠誠心、強い帰属意識）も向上し、社員の定着率アップにもつながります。これについては、筆者が日本の中小企業の経営者の方々に対してアンケートを実施し、定量分析に基づく結果からもいえることです。

ここで、注意していただきたいことがあります。「権限」と「責任」は常にセットだということです。社員に「責任」だけを追及し、「権限」を与えない経営者も多くいます。「権限」だけを主張し、自分の言動や結果に「責任」を取りたがらない社員も多くいます。こうしたズレが起きてしまうのは「責任」と「権限」のバランスが悪いからです。「責任」を持つが、それ相応の「権限」も譲渡するという経営者と社員の合意形成こそが重要なのです。この合意形成の上で社員は「自由」に個性や感性を持って実行し、失敗し、反省し、改善できるのです。それこそが本質的なリーダ育成方法でもあるのです。机上の研修をどれだけ受講させてもリーダは育ちません。

もはや今の時代は、品質やサービスがよいのはあたりまえになっています。顧客満足度を上げるには、「感動」や「サプライズ」が顧客の記憶に残るかが重要です。顧客の記憶に残る「感動」や「サプライズ」を提供できるかどうかは、社員の「個性」や「感性」に基づいた行動にかかっています。

■顧客に「感動」や「サプライズ」を提供できる社員を育成するためのポイント

・社員一人ひとりが顧客と構築する信頼関係がある。
・社員独自の感性で対応できる「個性」を重視している。
・徹底した顧客視点によるサプライズを推奨している。

賢明な読者のみなさまはお気づきかも知れませんが、顧客に「感動」や「サプライズ」

を与えることができる社員を育成するには、まず、社員の満足度が高いこと、そして、社員が存在意義を感じられる環境があることが前提となってきます。つまり社員が、会社から「信頼」され「権限」と「責任」を持っていることが必要なのです。さらに、その「信頼」と「権限」と「責任」の組み合わせは、全社的にブレることのない「自社基準」が深く浸透し、定着していることで可能になるのです。

社員満足度をアップし、顧客満足度をアップすれば、会社の「業績」はよくなります。なぜなら、本書での社員の満足度は、一時的な満足度ではなく、持続的かつ本質的な満足度を示しているからです。本書では、「企業力のある会社」を目指しています。つまり、不況の際に減俸やボーナス返上になったとしても、「この会社を立て直すのだ」と思ってくれる社員がいるような会社を目指しています。

このような企業力のある会社での「社員の満足度」は、社員のロイヤルティが高く、離職率が低い状態を含んでいます。ロイヤルティの高い社員一人ひとりが接することで築き上げた顧客との信頼関係は、会社にとって大きな持続的な資産となります。社員のロイヤルティが顧客に「サプライズ」や「感動」を与え、顧客のロイヤルティにも直接つながっているからです。

■顧客の記憶にサプライズ・感動が残ることで起こる好循環
・クチコミによる新規顧客開拓が自動的に起こる。
・感動した顧客のリピートが起こる。
・売上単価が大幅にアップする。

顧客のロイヤルティが向上すると、いろいろな効率のよい効果が期待できます。顧客が自発的にクチコミしてくれたり、新規の顧客を開拓してくれたりします。また、ファンになってくれた顧客はリピートしてくれます。そして、多くのレポートでも明らかになっていますが、初回購入の顧客より、二度目以降の顧客の方が購入単価は飛躍的にアップする傾向があります。顧客のロイヤルティは株主、経営者、社員に会社の売り上げとして還元されるのです。

このように社員満足度が上がり、顧客満足度が上がれば、会社の業績がよくなり、すべての利害関係者の満足度が上がります。この好循環を生み出す動力発生源が、唯一無二の「自社基準」です。「自社基準」をしっかり定め、社員に浸透させていくことで、業績回復に向けた「経営再建のトランスミッション」が動き出します。

「経営再建のトランスミッション」は筆者による造語です。「経営再建のトランスミッション」とは、「自社のミッション」を完全に「トランス（貫く）」することで、経営再建の原動力にすることです。

「経営再建のトランスミッション」でどんなスパイラルが起こるのか、３つのステップにまとめてみます。

■ステップ１：社員の満足度

社員の満足度は「存在意義」が重要です。存在意義は、やりがい、責任・権限、正当な評価

図：経営再建のトランスミッション

で決まります。

■ステップ２：顧客の満足度

満足度の高い社員が顧客を「接客」することで、顧客の満足度が上がっていきます。顧客満足度を上げるには、サービスや商品に感動を与えることであり、顧客と信頼関係のある社員が個性を発揮することで、顧客に対して感動やサプライズを与えることができます。

■ステップ３：会社の満足度

満足度の高い顧客がファンになってくれることで、リピートしてくれたり、口コミで新規顧客を紹介してくれたりすることで、一人あたりの売上単価や顧客数が増加し、会社の業績につながっていきます。

第4章まとめ

・VUCAの時代でも倒産しない会社にするために自社分析術を行う目的は、「唯一無二の自社基準」を確立し、活用することである。
・「自社らしさ」=「自社の軸」は、ミッションや企業理念が根底にあり、行動基準や価値基準は、経営者含め全社員の判断・決定の基準となる。
・唯一無二の「自社基準」を全社員に定着し、運用させることで、社員満足度が上がり、顧客の満足度が上がり、会社の業績がよくなる「経営再建のトランスミッション」が動き出す好循環を生み出せる。
・企業力のある会社の社員の満足度には、社員のロイヤルティが高く、離職率が低い状態を含んでいる。

第5章　自社分析術のアプローチ

自社分析術の進め方

前章で「経営再建のトランスミッション」を生み出す動力発生源が「自社基準」になることを解説しました。自社基準を策定するには、自社分析術という方法論を活用すれば、どのタイミングで何をすべきかがわかります。

では、どのように自社分析術をしていけばよいのでしょうか。「準備」「現状認識」「分析」「結果整理」の４つのステージに分けて説明します。自社のメンバが自社分析術を理解できれば、外部に頼ることなく自社メンバのみで推進することができるので、ぜひ自社内で自社基準を策定してみてください。ただあくまで本書で紹介するのは方法論の一般的なやり方ですので、それぞれの会社の状況に応じてアレンジし活用していただくと、より効果的になります。

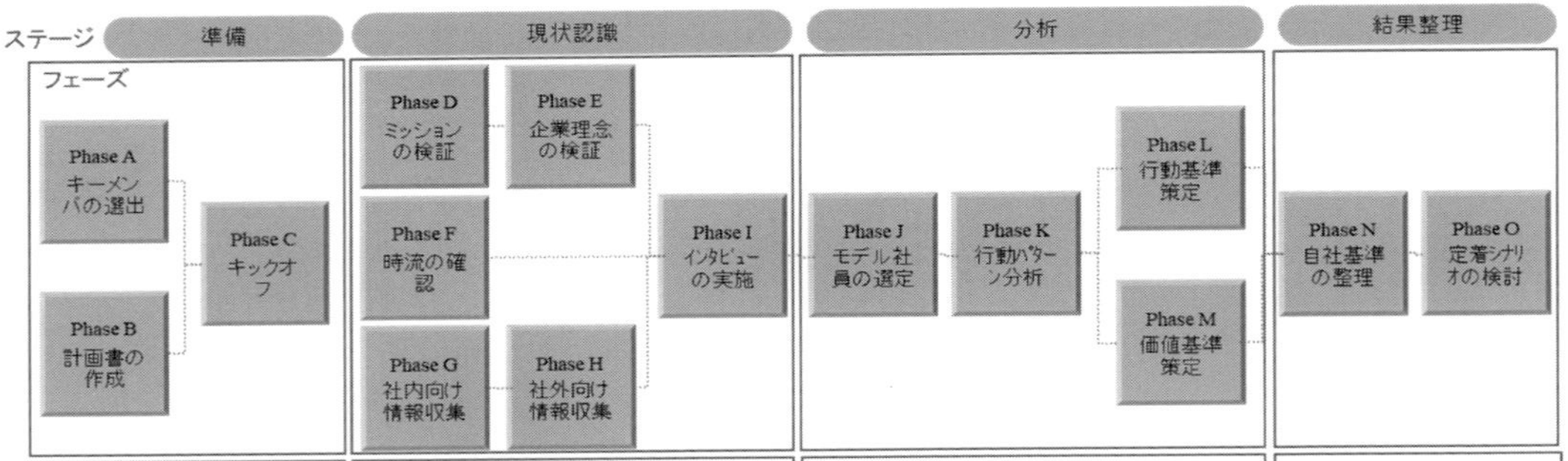

A.キーメンバの選出
◆キーメンバの任命(Task A1)
◆経営者からのコミット(Task A2)
B.計画書の作成
◆目的･ゴールの設定(Task B1)
◆体制･役割の明確化(Task B2)
◆アプローチの確定(Task B3)
◆成果物の定義(Task B4)
◆スケジュールの作成(Task B5)
C.キックオフ
◆計画書の共有(Task C1)
◆運営ルールの決定(Task C2)
◆優先順位の周知(Task C3)
◆全社告知方法確定(Task C4)
◆懇親会の開催(Task C5)

D.ミッションの検証
◆ミッションの見直し(Task D1)
◆ミッションの確定(Task D2)
E.企業理念の検証
◆企業理念の見直し(Task E1)
◆企業理念の確定(Task E2)
F.時流の確認
◆時流のキーワード検討(Task F1)
◆時流のキーワード確定(Task F2)
G.社内向け情報収集
◆全社員アンケート実施･整理(Task G1)
H.社外向け情報収集
◆顧客アンケート実施･整理(Task H1)
◆取引先アンケート実施･整理(Task H2)
I.インタビューの実施
◆責任者向けインタビュー実施(Task I1)

J.モデル社員の選定
◆対部門間モデル社員の選定(Task J1)
◆対顧客モデル社員の選定(Task J2)
◆対取引先モデル社員の選定(Task J3)
K.行動パターン分析
◆評価される行動のリストアップ(Task K1)
◆行動パターンの分類(Task K2)
◆モデル社員へのインタビュー実施(Task K3)
L.行動基準策定
◆「自社らしい行動例」の選定(Task L1)
◆「自社らしい行動例」の精査(Task L2)
M.価値基準策定
◆「評価される行動」の価値観分析(Task M1)
◆「自社らしい価値観」の検証(Task M2)
◆「自社らしい価値観」の精査(Task M3)

N.自社基準の整理
◆ミッションの評価(Task N1)
◆企業理念の評価(Task N2)
◆行動基準の評価(Task N3)
◆価値基準の評価(Task N4)
◆整合性の評価(Task N5)
◆自社基準の文書化(Task N6)
O.定着シナリオの検討
◆定着化施策の検討(Task O1)
◆定着化検討チームの設立(Task O2)

図：自己分析術のアプローチ

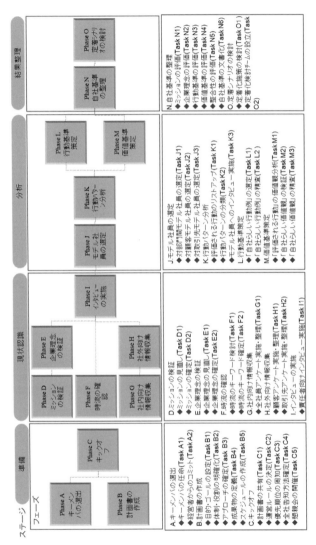

【ステージ1：準備ステージのポイント】

どんな事業でも、どんなプロジェクトでも、最初の立ち上げ方が成功するかどうかの大きな分かれ道になります。自己分析術プロジェクトも同様です。プロジェクト立ち上げ時の【フェーズA・キーメンバの選出】では、経営者自らが幹部候補であるキーメンバの任命を行い、この取り組みに向けた決意表明をすることが、プロジェクト成功のために必須となります。

自社分析術は戦略プロジェクトであり、改革プロジェクトの位置づけとなります。社運をかけたプロジェクトになりますので、プロジェクトリーダには、経営者が将来を期待しているキーマンを専任で任命してください。そうすることで経営者の本気度が全社員に伝わります。ス

タスク	内容	担当者		アウトプット
		責任者	協力者	
A.1 キーメンバの任命	経営再建にあたり、幹部候補であるメンバを選出する 愛社精神、経営者と方向性を同じくするメンバを任命する	経営者	ー	キーメンバリスト
A.2 経営者からのコミット	経営再建に向けた取り組みの決意表明を行う キーメンバに期待することを明確に伝える	経営者	キーメンバ	経営者の方向性 キーメンバの理解（経営者の意向）
B.1 目的・ゴールの設定	プロジェクトの目的、ゴールを設定する プロジェクト計画書に目的、ゴールを文書化する	経営者	リーダ候補	プロジェクト計画書（目的/ゴール）
B.2 体制・役割の明確化	プロジェクト体制を決め、役割を定義する プロジェクトを遂行できるための必要スキルセットを確認する プロジェクト計画書に体制、役割を文書化する	経営者	リーダ候補	プロジェクト計画書（体制/役割） ※リーダ、事務局が確定
B.3 アプローチの確定	プロジェクトのアプローチを確定する（※自社分析術参照） プロジェクト計画書にプロジェクトアプローチを文書化する	経営者	リーダ候補	プロジェクト計画書（プロジェクトアプローチ）
B.4 成果物の定義	各タスクレベルで成果物を定義する（※自社分析術参照） プロジェクト計画書に成果物を文書化する	経営者	リーダ候補	プロジェクト計画書（成果物）
B.5 スケジュールの作成	マイルストーンを設定し、スケジュールを作成する プロジェクト計画書にスケジュールを文書化する	経営者	リーダ候補	プロジェクト計画書（スケジュール）

図：準備ステージでやるべきこと　1／2

テージ1の準備ステージにおいては、経営者とプロジェクトリーダの二人三脚で進めることになります。

戦略系のプロジェクトでは、大企業でも現状業務との兼務とはいえ、エース級の社員が優先順位を上げて取り組むのが一般的です。このため経営者は、キーメンバ（プロジェクトメンバ）が本プロジェクトに優先順位を上げて取り組める環境を提供しなくてはなりません。

また経営者からはキーメンバに対して、まず何を期待するのかを明確に伝えることが極めて重要です。そのためプロジェクトを開始する前の準備をしっかり行う必要があります。

メンバ選出後の【フェーズB・計画書の作成】では、具体的に重要事項を確定し、文書化して共有していきます。重要事項である「目的・ゴール」「体制・役割」「アプローチ」「成果物の定義」「スケジュール」は、必ず文書化しておいてください。その後のフェーズを遂行する上で土台になるからです。

文書化しておけば、途中から参画したプロジェクトメンバが後からキャッチアップするのに非常に効率的です。ただあくまで計画書ですから、途中でスケジュール等を変更しても構いません。その際には、必ず計画書を更新・修正し、最新状態に保ち、プロジェクト内で共有してください。

プロジェクト運用ルールは準備段階で明確化し、キーメンバそれぞれの役割・担当範囲を明確にしておきましょう。現状業務と兼務するキーメンバが多い状況では、一人ひとりの高度なスケジュール調整が必要になるため、キーメンバ全員が定例会議やイベント、そして自分の役割を理解しておかなければなりません。

各キーメンバが本プロジェクトでやるべきことを理解するために計画書を共有し、進捗管理、課題管理、作業指示方法、各種会議の運営ルールの合意形成を行います。また、この段階では、キーメンバが本プロジェクトを仕事の最優先事項として理解できるよう、経営者から本プロジェクトの全社的な位置づけをしっかり説明することも必要です。特に各種成果物の担当は明確にしてください。担当者のオーナーシップはプロジェクトの成功要因となります。

プロジェクトで行われていることを、随時、全社員にも伝えていくのも成功要因の一つになります。どのように全社員にプロジェクトを告知し周知させていくか、その方法も検討し、決めておきましょう。自社基準策定のために、全社員に協力してもらうアンケートやインタビューの依頼方法も考え、決めておいてください。

プロジェクトの【フェーズC・キックオフ】時には、プロジェクトメンバのコミュニケーションを円滑にするために、懇親会を実施することも効果的です。意外かもしれませんが、これはコンサルティングファームが大企業の戦略や改革プロジェクトを遂行する方法論でも重要視していることです。組織横断的に招集されたキーメンバで、ぜひキックオフ懇親会をしてみてください。その際、懇親会の前には、計画書の読み合わせを行い、メンバ全員のプロジェクトへの理解と関わり方の認識合わせをしておくとよいでしょう。メンバ一丸となって本プロジェクトに取り組む、よいスター

タスク	内容	担当者		アウトプット
		責任者	協力者	
C.1 計画書の共有	キーメンバに対して、プロジェクト計画書を詳細に説明する キーメンバ各自がやるべきことを理解する	リーダ	経営者	キーメンバの理解(プロジェクト内容)
C.2 運営ルールの決定	進捗管理、課題管理、作業指示方法、各種会議の運営ルールの合意を行う	事務局	経営者	キーメンバの理解(プロジェクト運営)
C.3 優先順位の周知	キーメンバが全社の最優先作業として理解できるように、経営者から本プロジェクトの全社位置づけを説明する	経営者	キーメンバ	キーメンバの意識(プロジェクトの優先順位)
C.4 全社告知方法の確定	全社員に対するプロジェクトの告知方法と周知徹底方法を検討し、決定する 全社員に協力してもらうアンケート、インタビューなどの依頼方法を検討し、決定する	リーダ	経営者 キーメンバ	全社員に対する周知方法 全社員への依頼方法
C.5 懇親会の確定	コミュニケーションを円滑にするための懇親会を実施する	リーダ	経営者 キーメンバ	コミュニケーションの円滑

図：準備ステージでやるべきこと　2／2

トになるはずです。

【ステージ2：現状認識ステージのポイント】

【フェーズD・ミッションの検証】や【フェーズE・企業理念の検証】におけるミッション（自社の存在意義）や企業理念（自社のあり方、考え方）は、社員の議論から出てくるものではありません。経営者が自問し、頭の中を整理し、経営者自身の言葉としてアウトプットしなくてはなりません。

なぜなら中小企業・ベンチャー企業では、ミッション・企業理念は、経営者自身、特にオーナー経営者の生きざまだからです。経営者自らが自己分析をしっかり行い、何をしたいのかを明確にし、自身の生きざまを反映すると、一本の軸が作りやすくなります。

タスク	内容	担当者		アウトプット
		責任者	協力者	
D.1 ミッションの見直し	ミッションに関して今までを振り返り、自問し、確認する 必要に応じて、他人の意見をヒアリングする	経営者	ー	ミッションの変更有無
D.2 ミッションの確定	自社の存在意義や果たすべき使命を明確にする ミッションを経営者の言葉として確定する	経営者	ー	ミッション
E.1 企業理念の見直し	企業理念に関して今までを振り返り、自問し、確認する 必要に応じて、他人の意見をヒアリングする	経営者	ー	企業理念の変更有無
E.2 企業理念の確定	自社のあり方、考え方を明確にする 企業理念を経営者の言葉として確定する	経営者	ー	企業理念
F.1 時流のキーワード検討	本メソッドが挙げるキーワード（プロフィットシェア、満足度重視、社会全体繁栄、協業、共存、創造）を検証する 自社のキーワード候補を検討し、追加する	経営者 リーダ	キーメンバ	時流のキーワードリスト
F.2 時流のキーワード確定	自社の時流の捉え方を明確にする 明示すべき時流のキーワードを経営者の言葉として確定する	経営者	リーダ	自社における時流のキーワード

図：現状認識ステージでやるべきこと　1／2

もし、経営者の中で「日々の忙しさで自分を見つめ直す余裕がなかった」「どうすれば自分自身を分析できるのかよくわからない」という方がいれば、筆者が開発した「個人の強み・能力を引き出すための自己分析術」を活用してみてください。こちらを併せて行うことで、ミッション・企業理念の見直しが容易にできるようになるだけでなく、自身の人生の目標設定や自分でも気づくことのなかった「自分の強み」が明確になるはずです。ぜひ、参考にしてください。

次に【フェーズF・時流の確認】を行います。このフェーズでは、一般的な時流の確認だけすればよいわけではありません。経営者なりの解釈で自社の時流の捉え方を明確にすることで、自社が独自で認識している時流のキーワードを、経営者の言葉として確定することがポイントとなります。時流のキーワードを決めるのは、占いや予言をするわけではありませんので、将来的な答え合わせを必要とするものではありません。世の中の流れを大局的に観察し、経営者の価値観を組み合わせればよいのです。そのために前のフェーズでミッションや企業理念を検証しているのです。

時流のキーワードとしては、「プロフィットシェア（利益共有）」「満足度重視」「社会全体繁栄」「協業」「共存」「創造」などや、経営者自身の自己分析術での結果なども参考にするとよいでしょう。

自社分析術は「人」にフォーカスしているため、「社員」「顧客」「取引先」の個人という視点で分析範囲を網羅する必要があります。それを念頭に置いて、【フェーズＧ・社内向け情報収集】や【フェーズＨ・社外向け情報収集】を行います。全社員アンケート、顧客アンケート、取引先アンケートを実施し、できるだけ幅広く情報収集しましょう。【フェーズＩ・インタビューの実施】で、生の声を聞けば、アンケートではわからない意見や感想を吸い上げることができます。インタビューを行う際には、どの

タスク	内容	担当者		アウトプット
		責任者	協力者	
G.1 全社員アンケート実施・整理	アンケート項目の洗い出し（対顧客、対取引先、対部門間における接し方、あり方の理想を調査する。また、理想に近い社員を理由を明確に記載した上で、推薦してもらう。更に理想に対して、現状はどのような状態なのか？我々はどんな会社でありたいのか？を述べてもらう。満足度の低い行動も併せて調査すると良い） アンケート依頼方法、実施方法、回収方法、実施期限、実施責任者を明確にする（自社の習慣を踏まえて、素直な意見を引き出せる工夫をする） アンケート結果の集計作業を行う	リーダ	キーメンバ	アンケート項目 アンケート結果 アンケート結果の整理
H.1 顧客アンケートの実施・整理	アンケート実施対象顧客の選定（対応窓口毎の選定） アンケート依頼方法、実施方法、回収方法、実施期限、実施責任者を明確にする アンケート結果（満足度、自社のあり方）の集計作業を行う	経営者 リーダ	キーメンバ 顧客担当	アンケート項目 アンケート結果 アンケート結果の整理
H2 取引先アンケートの実施・整理	アンケート実施対象取引先の選定（対応窓口毎の選定） アンケート依頼方法、実施方法、回収方法、実施期限、実施責任者を明確にする アンケート結果（満足度、自社のあり方）の集計作業を行う	経営者 リーダ	キーメンバ 取引先担当者	アンケート項目 アンケート結果 アンケート結果の整理
I.1 責任者向けインタビューの実施	経営者が各部門責任者に対して、具体的なインタビューを行う（責任評価指標が異なるため、見解が一致しないことを前提として、自社における時流キーワードに関する考え方の適合性を確認する）	経営者	リーダ	各部門責任者の考え方、あり方、現場の現状、どんな会社でありたいかという見解、モデル社員の推薦

図：現状認識ステージでやるべきこと　２／２

ように本音を引き出すかがポイントとなります。

社内向けアンケートでは、対顧客、対取引先、対部門間における社員の接し方、あり方の理想を調査することが目的です。その際、全社員から理想に近いと思う社員を推薦してもらってください。また、アンケートに記載された推薦理由は、自社分析する上で貴重な情報となります。アンケートの実施については、自社の社風を踏まえて、素直な意見を引き出せる配慮のある依頼方法、回収方法、実施期限、及び実施責任者の任命を心がけてください。

社外向けアンケートでは、アンケート実施対象となる顧客や取引先を選定し、丁寧に協力依頼をしてください。対象となる顧客や取引先は、できるだけ対応窓口（部署や担当者）ごとに広く実施すると、分析の精度が高くなることが期待できます。

社内インタビューでは、経営者が「部門責任者」にも実施してください。「部門責任者」には、各部門責任者の考え方、あり方、現場の現状、どんな会社でありたいかなど、責任者自身の見解を棚卸しておきましょう。また、部門責任者からも、対社員、対顧客、対取引先との接し方において、理想に近い社員を推薦してもらいましょう。分析ステージでは、理想に近い社員のことを「モデル社員」と呼びます。

【ステージ3：分析ステージのポイント】

分析ステージでは「原点の正しい追求」と「整合性の追求」を意識したアプローチが成功のキーワードとなります。そのためにまず【フェーズJ・モデル社員の選定】を行います。モデル社員は、情報収集フェーズで全社員や部門責任者から推薦を受けた社員を「対部門間」「対顧客」「対取引先」ごとに振り分けします。「モデル社員の選定」は、対部門間の満足度を上げるため、対顧客の満足度を上げるため、また対取引先の満足度を上げるような行動をしている社員かどうかがポイントとなります。

タスク	内容	担当者		アウトプット
		責任者	協力者	
J.1 対部門間モデル社員の選定	G1,I1を参考とし、モデル社員を選定する 選定ポイントは、対部門間の満足度を上げるための行動をしている社員であり、あり方、考え方のモデルである	経営者	リーダ	対部門間モデル社員
J.2 対顧客モデル社員の選定	G1,I1を参考とし、モデル社員を選定する 選定ポイントは、対顧客の満足度を上げるための行動をしている社員であり、あり方、考え方のモデルである	経営者	リーダ	対顧客モデル社員
J.3 対取引先モデル社員の選定	G1,I1を参考とし、モデル社員を選定する 選定ポイントは、対顧客の満足度を上げるための行動をしている社員であり、あり方、考え方のモデルである	経営者	リーダ	対取引先モデル社員
K.1 評価される行動のリストアップ	G1,I1を参考に評価される行動が、容姿や特定技術に偏りのあるものは除外する 接する人間の満足度が上がるような行動に焦点を置き、リストアップする	経営者 リーダ	キーメンバ	評価される行動リスト
K.2 行動パターンの分類	社内・社外問わず、社内のみ、社外のみ適用されるといった3パターンに行動を分類する 分類された行動の共通点を検証・整理する	経営者 リーダ	キーメンバ	行動パターンの分類と行動の紐付け
K.3 モデル社員へのインタビュー実施	評価される行動の価値観を確認するためのインタビューを実施する ※「なぜそのように行動しているのか？」「なぜ？」を5回繰り返すと価値観の原点が出てきやすい	リーダ	経営者	評価される行動の価値観

図：分析ステージでやるべきこと　1／2

モデル社員へのインタビューを実施するには少しコツがいります。まずモデル社員の【フェーズK・行動パターン分析】を行うため、経営者やプロジェクトリーダが「評価される行動のリストアップ」をしてください。リストアップは、情報収集フェーズでのアンケートからの推薦理由などを参考にして、モデル社員が自然に行っている満足度を上げているような行動に焦点を置くことがポイントです。その際、評価される行動が、容姿や特定技術に依存するようなものは除外してください。

その上でモデル社員の「行動パターンの分類」を行います。「社内・社外問わず」「社内のみ」「社外のみ」の3パターンに分類していきます。そこで抽出された複数人のモデル社員の行動の共通点を検証・整理します。その結果をもとに、行動パターンの分類と模範となる行動の紐づけを行います。図や表の形式にまとめるとディスカッションしやすくなります。その図や表をベースにモデル社員にインタビューを行い、「評価される行動の価値観」を確認していくのです。

インタビューについて少しふれておきます。インタビューは正解があるようなものではありません。モデル社員の「評価される行動の価値観」を確認するための作業です。インタビューされる社員も意図的に行っていることではなく、自然に行っていることが多く、改めて聞かれても回答しにくい質問になりがちです。では、どんなふうに質問すればよいのか、どうやって聞き出せばいいのだろうかと悩む方もいると思います。一例ですが、「なぜそのように行動しているのですか」「それはなぜですか」と「なぜ」を5回くらい繰り返すと、価値観の原点が見えてきます。ぜひ、試してみてください。

ここで、重要な注意事項があります。インタビューする側は、経営者やプロジェクトリーダのように社内的に大きな影響力を持っています。ですので、モデル社員に「なぜ」を繰り返すことにより、問い詰める形になり、委縮させないように配慮してください。声のトーン次第では、「自分は詰められている」「自分は咎められている」と感じさせてしまうこともあるかもしれません。笑顔で親しみやすい接し方で、今までの貢献をたたえながら、自社の宝の原石を発掘するつもりでインタビューしてください。軽食を用意して談笑しながらインタビューすることもよい配慮になります。

インタビューが完了したら、その結果を踏まえ、【フェーズL・行動基準策定】では、インタビューの分析を行い、「自社らしい行動例」を抽出します。この分析は、ディスカッションを通じて行うとよいでしょう。ただし、ディスカッションメンバは、経営者、プロジェクトリーダ、そしてキーマンから3名程度で、合計5名くらいに厳選してください。多すぎると、分析、整理にスピード感がなくなるからです。

次に【フェーズM・価値基準策定】を行います。先に挙げた「自社らしい行動例」から「評価される行動」に選定される基準となるのは、経営者自らが策定したミッションや企業理念に即している「行動」であるかが判断指標となります。「評価される行動」を選定し、その行動の原点となる価値観を「自社らしい価値観」とします。

「評価される行動」は、「自社らしい行動例」から「ミッション」「企業理念」「自社の考える時流のキーワード」との接点・共通点で絞り込んでください。そうすることで「原点の正しい追求」と「整合性の

タスク	内容	担当者		アウトプット
		責任者	協力者	
L.1「自社らしい行動例」の選定	K3での価値観から、K1,K2を判断する。D2,E2,F2を考慮の上、「自社らしい」と判断した行動を選定する 選定ポイントは、「時流を捉えた」「自社らしさ」である	経営者 リーダ	キーメンバ	行動基準（案）
L.2「自社らしい行動例」の精査	L1を全社的行動基準として公開するための表現方法を精査する	経営者 リーダ	キーメンバ	行動基準
M.1「評価される行動」の価値観分析	D2,E2とK3の共通点を見つける F2とK3の共通点を見つける 自社らしい価値観を共通点から洗い出す	経営者 リーダ	キーメンバ	価値観の分析結果
M.2「自社らしい価値観」の検証	L1,L2とM1を比較し、整合性を確認する 矛盾や解釈に不安があれば、徹底的に議論する	経営者 リーダ	キーメンバ	価値基準（案）
M.3「自社らしい価値観」の精査	M2を全社的価値基準として公開するための表現方法を精査する	経営者 リーダ	キーメンバ	価値基準

図：分析ステージでやるべきこと　2／2

追求」が可能になります。

「自社らしい価値観」は、「評価される行動」の例となったモデル社員の価値観を洗い出し、整理してみてください。必ず共通点が見つかります。その共通点を大切にしてください。それらが企業理念に即しているかどうかを議論し、検証してください。そのようにして出した結論が、プロジェクトでの重要な成果物となる「自社らしい価値観」に基づいた「評価される行動」となります。

ここで、賢明な読者のみなさまならご理解いただけると思いますが、「自社らしい価値観」はまったく目新しいものを持ってきているのではないということです。社内で実在している社員の行動や価値観から洗い出したものですので、全社員に腑に落ちやすく、浸透・定着させやすくなるのです。

こうして抽出された「自社らしい価値観」をシンプルかつ理解しやすくするために、箇条書きにしてみてください。個々の事例に寄りすぎているものや、具体的すぎるものは、少し抽象的にして全社員に伝わりやすくする工夫も必要です。それが「価値基準」になるのです。そして「評価される行動」もシンプルかつ、わかりやすくするために、「価値基準」同様に箇条書きにしてみましょう。それが「行動基準」になります。

【ステージ4：結果整理ステージのポイント】

経営者の生きざまを反映した「ミッション」「企業理念」と、実在する社員から抽出・策定した「行動基準」「価値基準」に一貫性があれば、「唯一無二の自社基準」になります。「唯一無二の自社基準」であるかどうかを検証・評価するのが【フェーズN・自社基準の整理】です。

まず「ミッション」「企業理念」「行動基準」「価値基準」に一貫性があるかどうかを、経営者、プロジェクトリーダ、キーメンバで評価し、さらに整合性も評価します。整合性の評価とは、①経営者として、経営判断・意思決定に適用できる自社

タスク	内容	担当者		アウトプット
		責任者	協力者	
N.1 ミッションの評価	D2の内容、メッセージ、及び表記の確認を行う E2,F2とのメッセージの繋がり、L2,M3へのメッセージの繋がりを確認する	経営者	ー	確定版ミッション
N.2 企業理念の評価	E2の内容、メッセージ、及び表記の確認を行う N1からのメッセージの受け継ぎ、F2とのメッセージの繋がり、L2,M3へのメッセージの繋がりを確認する	経営者	ー	確定版企業理念
N.3 行動基準の評価	L2の内容、及び表記の確認を行う N1,N2とのメッセージの受け継ぎ、F2とのメッセージの繋がり、M3への関連性を確認する	経営者	キーメンバ	確定版行動基準
N.4 価値基準の評価	M3の内容、及び表記の確認を行う N1,N2とのメッセージの受け継ぎ、F2とのメッセージの繋がり、N3との関連性を確認する	経営者	キーメンバ	確定版価値基準
N.5 整合性の評価	経営者として、経営判断・決定に適用できる自社の軸であることを評価する 本プロジェクトに関わったキーマンの判断として、各部門責任者が、判断、決定に適用できることを評価する	経営者	キーメンバ	自社基準としての一貫性のある検証結果
N.6 自社基準の文書化	ミッション、企業理念、行動基準、価値基準を全社向けに文書化する	経営者	キーメンバ	自社基準（ミッション、企業理念、行動基準、価値基準）

図：結果整理ステージでやるべきこと　1／2

の軸であるかどうか、②本プロジェクトに関わった各部門責任者が判断、意思決定に自社の軸を適用できるかどうか、の２点がポイントとなります。

整合性の評価を終えたものを全社向けに文書化することで、実現可能な「企業理念」「ミッション」「行動基準」「価値基準」である自社の軸の策定が完了します。自社の軸の策定が経営再建のスタート地点となります。自社の軸策定完了後、【フェーズ０・定着シナリオの検討】を行うため、自社基準を含めた自社の軸を定着させるための施策一覧を作成し、定着化検討チームを設立します。この自社の軸を社内で定着化させていくことが、企業力のある会社に変革するための第一歩となるのです。次章では、自社基準を社内に定着させ、戦略的に活用するための方法を示します。

タスク	内容	担当者		アウトプット
		責任者	協力者	
0.1 定着化施策の検討	自社基準を踏まえて、以下の検討を行う。 ・企業文化、習慣として定着させるための視点からの施策の検討（会議体、研修、イベント開催など） ・組織、評価指標の視点から定着させるための施策の検討（責任・権限を含む職務分掌の見直し、評価制度の見直し、採用基準の見直しなど） ・社員満足度、顧客満足度、取引先満足度の評価方法	経営者 リーダ	キーメンバ	定着化施策の一覧
0.2 定着化検討チームの設立	定着化施策を実施するために必要なメンバの招集、任命	経営者	ー	定着化検討チーム

図：結果整理ステージでやるべきこと　2／2

第5章まとめ

・自社分析術プロジェクトは経営者自らが参画し、「キーメンバ（プロジェクトメンバ）の任命」を行うなど「経営者の熱意・コミット」が必須である。
・ミッションや企業理念は、経営者自身の生きざまを反映したものにすること。
・社内外でインタビューを実施し、生の声をヒアリングすることは、自社の状況を正しく知る上で重要である。
・実在するモデル社員の行動例や価値観から、行動基準と価値基準を策定する。
・「ミッション」「企業理念」「行動基準」「価値基準」に一貫性があるかどうかを最終チェックすることで自社の軸は完成する。

第6章　自己分析結果の活用・定着方法

自社分析術で策定した自社基準はどのように活用するのか

「経営再建のトランスミッション」の動力源となる自社基準を策定した後、どのように活用していったらよいのでしょうか。経営再建のための事業戦略の枠組みは3つの階層に分かれます。1つは、変化を起こすための「戦略」。2つめは、変化に対応するための「情報システム」「業務プロセス」。そして3つめが、変化を受け入れるための「組織・評価指標」「企業文化・習慣」です。(図：事業戦略の枠組み)

経営者のよくある勘違いは、事業戦略を実行するのに重要なのは、情報システムの改修や導入、及び

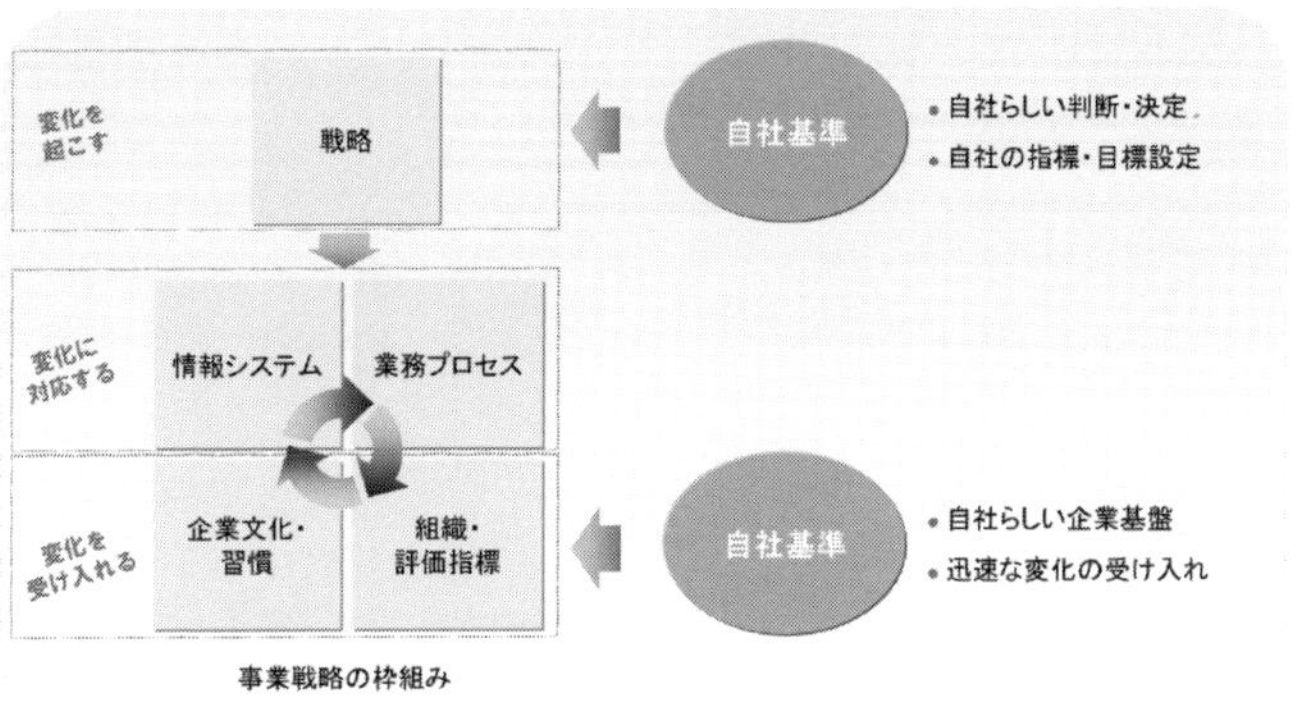

図：事業戦略の枠組み

業務プロセスの見直しだと思い込んでいることです。しかしそれは大きな間違いです。「情報システム」や「業務プロセス」の対応ばかり集中しても、社員が変化を受け入れられない場合が多いのです。

変化を起こすこと＝「戦略」で最重要なのは、変化を受け入れることのできる「組織・評価指標」「企業文化・習慣」があることです。変化を受け入れる基盤さえ確立していれば、変化に対応する「情報システム」「業務プロセス」の対応はさほど難しくありません。

自社基準ができあがったら、まず周知徹底し、自社のさまざまな仕組みの中に自社基準を適用し、「自社らしい企業基盤」や「迅速な変化の受け入れ」が可能な「組織・評価指標」「企業文化・習慣」を構築してください。その後、立案した戦略に応じて、必要であれば、「情報システム」「業務プロセス」を行えばよいのです。順番を間違ってはいけません。

事業戦略全般においても、自社分析術で策定した自社基準を適用し、「自社らしい判断・決定」や「自社の指標・目標設定」をもとに、戦略策定していくことが大切です。自社基準による経営者の意思決定は、社員にとっても理解しやすく、すでに自発的に行動しやすい環境ができあがっています。これまで何年も事業を行ってきた会社が経営再建のための大きな意識改革（チェンジマネジメント）を成功させるには、自社分析術のアプローチを強くおすすめします。なぜなら、自社分析術では、大企業での改革プロジェクトの成功要因を取り入れ、失敗要因の回避策を多く取り入れているからです。

全社員への自社基準の定着化により「企業力のある会社」ができあがる

全社員に「自社基準」を定着させるためには、「組織・評価指標」「企業文化・習慣」を変えていく必要があります。ただし、短期的視点で急激に変化させるような無理をしないことです。中期的な視野が必要となります。社員一人ひとりの感性と個性を発揮できる環境を目指すために、自社基準を定着させるための施策案をいくつか紹介します。

■「組織・評価指標」
・責任・権限範囲を大きくした職務分掌の再定義や、自社らしい社員を抜擢した「職務分掌」の改定を行う。
・知識・技術だけでなく「自社らしさ」の評価設定や、社員、顧客、取引先における満足度の指標を設定した「評価制度」を導入する。
・新卒、中途ともに、自社基準を最優先した「採用基準」を導入する。

■「企業文化・習慣」

・現場の実例に沿った行動基準、価値基準を検証することを目的とした定例会議を設定する。

・「自社基準」の体験・体感を得られる研修を導入する。

・社員各自の「幸せ」を見つける研修を導入する。

・全社イベントを活用して自社基準を浸透させる。

・自社基準に沿った社員の社内外の有志活動への積極支援（社員の自発的な活動を会社が支援）を行う。

右記はあくまで一例です。その他にも、自

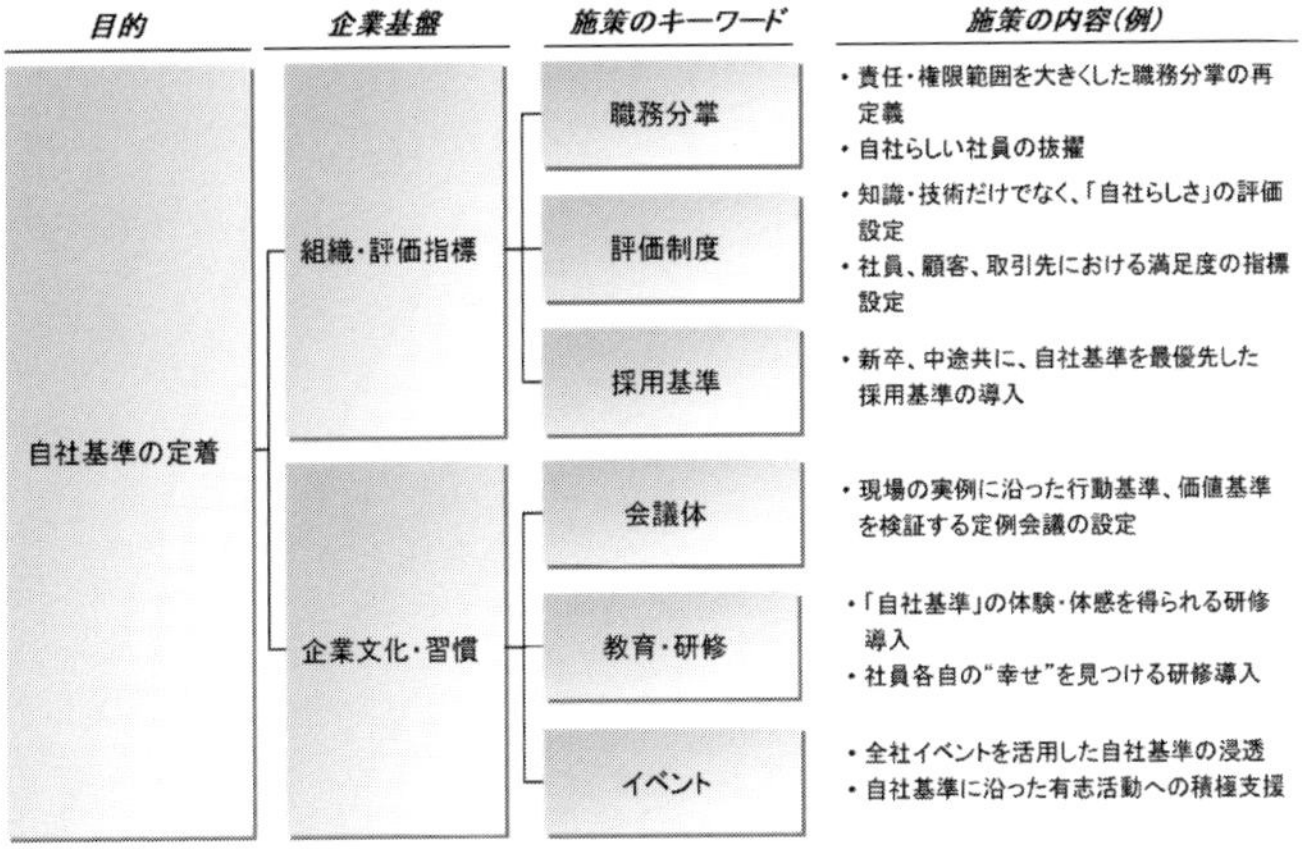
目的
企業基盤
施策のキーワード
施策の内容(例)
自社基準の定着
組織・評価指標
企業文化・習慣
職務分掌
評価制度
採用基準
会議体
教育・研修
イベント
・責任・権限範囲を大きくした職務分掌の再定義
・自社らしい社員の抜擢
・知識・技術だけでなく、「自社らしさ」の評価設定
・社員、顧客、取引先における満足度の指標設定
・新卒、中途共に、自社基準を最優先した採用基準の導入
・現場の実例に沿った行動基準、価値基準を検証する定例会議の設定
・「自社基準」の体験・体感を得られる研修導入
・社員各自の"幸せ"を見つける研修導入
・全社イベントを活用した自社基準の浸透
・自社基準に沿った有志活動への積極支援

図：自社基準定着化の施策例

社に沿ったアイデアを社員と一緒に考え、自社基準の定着のための取り組みを試してみてください。このようなコミュニケーションの機会が増えることで、自社基準はスピーディかつ深く浸透していくことでしょう。

第6章まとめ

・変化を受け入れる基盤＝「組織・評価指標」「企業文化・習慣」さえ確立できれば、変化に対応する「情報システム」「業務プロセス」は、スムーズに対応できる。
・自社分析術で策定した自社基準に従った「自社らしい判断・決定」や「自社の指標・目標設定」をもとに事業戦略を策定することで、社員も経営者の意図が理解しやすくなる。
・全社員に「自社基準」を定着させるためには、中期的な視点で「組織・評価指標」「企業文化・習慣」を変えていく必要がある。
・自社に適した定着化の施策を社員と一緒に考えることで、自社基準はスピーディかつ深く浸透する。

あとがき

『倒産しない会社のための自社分析術』を開発してから、10年以上が経過しました。開発当時の日本では、東日本大震災という目に見えるダメージを受け、衝撃が走ったときでした。「震災でダメージを受けた会社をどう立て直すか」という必要性から開発したメソッドですが、VUCAの時代、また世界のあらゆるシステムの見直しが迫られているグレートリセットの時代の今こそ、さらに必要とされるメソッドだと考えています。なぜなら経営者の本質的な課題は変わっておらず、社員やその家族に対する責任を真剣に考え、真摯に取り組んでいる経営者ほど孤独を感じ、不安はますます高まっているからです。そして、その答えは当時と同じく自社の中にあるからです。

会社を取り巻く不安定な環境が続く中、個人的にコンサルタントとして相談を受けた経営者だけでなく、本メソッドをもっと多くの経営者にも知ってもらい、不安を解消してもらいたいと思い、本書を執筆しました。

本メソッドを開発した理由は実はもう一つあります。それは、「何もコミットせず、成果物を提示しない」中小企業をターゲットとしたコンサルタントや、「高額な商品やサービスを提供している」成功哲学・自己啓発を生業としている方々の「将来の不安をあおり、恐怖心を抱かせ、依存させることでリピートさせる」悪しきビジネスモデルを撲滅し、浄化したいという想いがあるからです。

筆者には、ビジネスモデルを分析してしまう職種特有の習慣があります。このような中小企業をターゲットとしたコンサルタントなどのビジネスモデルを分析すると、強い問題意識を抱いてしまいます。こうした不安をあおり、高額な商品やサービスを売りつけるビジネスモデルを反面教師とし、「自分や自社の強みを知ることで将来に希望を与え、自信を持たせ、自立させる」真逆のビジネスモデル＝独自メソッドを提供していくことが、悪しきビジネスモデルの撲滅につながるとも考えています。

本書でも解説しているように、自社の軸は、経営者の軸でもあります。そのため、筆者のサポートしている経営者の多くは、筆者が開発したもう一つのメソッド『個人の強み・能力を引き出すための自己分析術』で自分軸を確認しています。こちらも併せて一読いただければ、より自社の軸を策定しやすくなるはずです。

筆者の独自メソッドである

・『個人の強み・能力を引き出すための自己分析術』
・『倒産しない会社のための自社分析術』
に関するご質問、ご要望、その他、気になることがございましたら、お気軽に以下の連絡先までお願いします。可能な範囲でご返答させていただきます。

info@be-greifen.co.jp

また、現在、専用ホームページの開設に向け準備中です。自己分析術も含め、自社分析術を貴社で活用・推進してもらいやすくなるように、各ステージでの成果物テンプレートなど、より具体的な資料も積極的に提供していく予定です。また、筆者が日本の中小企業経営者にアンケートを実施し、定量分析にて検証した論文『従業員満足度を経営成果につなげるための経営手法～日本の中小企業の経営者のための経営メソッド～』から「社員満足度を向上させ、売上・利益向上につなげるための有効な取り組みと有効でない取り組み」についても関連情報としてご紹介していく予定です。ぜひ、専用ホームページにアクセスし、自社分析術を貴社向けにアレンジし、適用していただければと思います。専用ホームページの公開をご期待ください。

最後になりましたが、『倒産しない会社のための自社分析術』の開発からこの度の出版に至るまで、関わっていいただいたすべての方々に感謝を述べさせていただきます。

２０２３年５月１日　川村春彦

【著者プロフィール】

川村 春彦（かわむら はるひこ）

1970年生まれ、京都府出身。株式会社Be-Greifen代表取締役、FoS Consulting Group 代表。広島県立大学（経営学部経営情報学科）第一期卒業。University of Wales Trinity Saint DavidにてMBAを取得。また、渋沢栄一、鮎川義介に継承されている『帝王學』（経営哲学）を修了。

国内大手SIベンダー（日立ソフトウェアエンジニアリング）にて、多数の基幹業務システムの構築をリード。世界最大級ビジネスコンサルティングファーム（プライスウォーターハウスクーパース）にて、巨大企業の事業戦略や構想策定、各種改革プロジェクトを数多くリード。

また、起業準備、個人事業主、中小企業、ベンチャー企業、大企業、巨大企業のあらゆる事業規模、さまざまな業種のクライアントに対し、25年以上のコンサルティング実績のある類稀な経歴を有している。

2011年に独自メソッドとして『倒産しない会社のための自社分析術』『個人の強み・能力を引き出すための自己分析術』を開発し、特定の顧客に対してセミナー、講演、及びコンサルティングサービスを提供している。

独自メソッドについては開発当初より書籍化の要望を顧客から受けていた。しかし、当時は現場志向が強く、書籍化に消極的であったが、昨今の先行き不安定な時代に、この情報を必要としている方々が多くいると確信し、今回の出版に至る。

倒産しない会社のための自社分析術
もうコンサルタントはいらない

2023年8月20日　初版第１刷発行

著　者　川村春彦
発行者　谷村勇輔
発行所　ブイツーソリューション
〒466-0848 名古屋市昭和区長戸町4-40
TEL：052-799-7391 / FAX：052-799-7984
発売元　星雲社（共同出版社・流通責任出版社）
〒112-0005 東京都文京区水道1-3-30
TEL：03-3868-3275 / FAX：03-3868-6588
印刷所　藤原印刷

万一、落丁乱丁のある場合は送料当社負担でお取替えいたします。

ブイツーソリューション宛にお送りください。

 ISBN978-4-434-32568-7